Kohlhammer

edition akademie. Neue Folge

Herausgegeben von
Jörg Hübner und Günter Renz,
Evangelische Akademie Bad Boll

Band 1

Jörg Hübner
Günter Renz (Hrsg.)

Gut – besser – zukunftsfähig

Nachhaltigkeit und Transformation als gesellschaftliche Herausforderung

Mit Beiträgen von
Isabel Boergen, Wilfried Bommert, Karl-Werner Brand, Franz-Theo Gottwald, Jörg Hübner, Hermann Knoflacher, Detlef Kurth, Torsten Meireis, Uwe Schneidewind, Harald Welzer, Angelika Zahrnt

Verlag W. Kohlhammer

1. Auflage 2015

Satz: Andrea Siebert, Neuendettelsau
Gesamtherstellung: W. Kohlhammer GmbH, Stuttgart

Print:
ISBN 978-3-17-026245-4

E-Book-Formate:
pdf: ISBN 978-3-17-026246-1
epub: ISBN 978-3-17-026247-8
mobi: ISBN 978-3-17-026248-5

Inhalt

Einleitung

Der Klimawandel, das Artensterben, Ressourcenverknappung, Flüchtlingsströme, labile Finanzmärkte und Schuldenkrisen führen dem Menschen der Gegenwart vor Augen, dass die „Wachstumsparty" sich ihrem Ende zuneigt. Das dominierende Wohlstandsmodell basierte auf der Annahme, dem Wachstum seien keine Grenzen gesetzt. In der Gegenwart bricht diese Logik mehr und mehr zusammen. Die Weltgemeinschaft sieht sich mit der Aufgabe konfrontiert zu klären, welche Staaten, Unternehmen, Einzelpersonen wie viel an Ressourcen künftig verbrauchen bzw. wie sehr sie Senken belasten dürfen. Noch gibt es allenfalls erste Versuche, sich über die dazu nötigen Aushandlungsprozesse zu verständigen. Doch der Handlungsdruck wächst – auch weil Wachstum immer weniger dazu dienen kann, Gerechtigkeitslücken zu kaschieren.

Die Evangelische Akademie Bad Boll weiß sich seit ihrer Gründung dem Diskurs über gesellschaftspolitische und globale Zukunftsfragen verpflichtet. Mit einer Tagung, die den Titel trug „Gut – besser – zukunftsfähig. Wie geht's?" eröffnete sie im Januar 2014 eine Tagungsreihe zu Aspekten der Nachhaltigkeit. Auf dieser ersten Tagung standen die beiden Studien „Zukunftsfähiges Deutschland in einer globalisierten Welt" in ihren beiden Auflagen von 1996 und 2008 im Mittelpunkt der Diskussion. Die Studien wurden vom BUND, dem Wuppertal-Institut und Brot für die Welt bzw. Misereor herausgegeben. Sie machten zum ersten Mal das Leitbild Suffizienz zum Gegenstand öffentlicher Diskussionen.

Im Spiegel der Studien „Zukunftsfähiges Deutschland in einer globalisierten Welt" (im Text abgekürzt mit ZD I und ZD II) wurde auch erneut deutlich, vor welchen Transformationen die Wirtschaftsgesellschaft der Gegenwart steht und welche Herausforderungen sich daraus ergeben.

Wir hoffen, dass wir mit diesem ersten Band der neuen Reihe „akademie edition" zur Belebung der Diskussion beitragen.

Die ersten beiden Beiträge handeln vom geschichtlichen Kontext der beiden Studien: Angelika Zahrnt berichtet von der unmittelbaren Entstehungsgeschichte, Karl-Werner Brand verortet sie im Zusammenhang der Umweltbewegungen und -diskurse des 20. Jahrhunderts.

Drei Grundsatzbeiträge erörtern Perspektiven eines Transformationsprozesses: Jörg Hübner beschreibt die Verlagerung des Diskurses auf den Begriff der Transformation, erörtert die Frage nach den Trägern des Prozesses und geht auf die drei Strategien zur Nachhaltigkeit: Effizienz, Konsistenz und Suffizienz ein; Harald Welzer analysiert die Diskrepanz zwischen Erkenntnis und entsprechendem Handeln; Angelika Zahrnt und Uwe Schneidewind plädieren für eine Suffizienzpolitik, die das „gute Leben" zum Thema macht.

Hotspots des Wandels zur Nachhaltigkeit thematisieren Hermann Knoflacher (Mobilität), Detlef Kurth (Stadtentwicklung), Franz-Theo Gottwald und Isabel Boergen (Ernährung) und Wilfried Bommert (Bodennutzung).

Der abschließende Beitrag von Thorsten Meireis thematisiert den protestantischen Beitrag zum Nachhaltigkeitsdiskurs.

Annelie Kühnel danken wir die Lektorierung der Beiträge, Karin Nitsch für die Erstellung des Manuskripts und den Autorinnen und Autoren für die Bereitstellung ihrer Manuskripte.

Jörg Hübner und Günter Renz

Angelika Zahrnt

Zukunftsfähiges Deutschland: zwei Studien – ein ungewöhnliches Wagnis

„Die Zukunft war früher auch besser", meinte Karl Valentin – und viele teilen seine eigenwillige Aussage. Aber wie ist die Zukunft von morgen und übermorgen – und nicht die Zukunft von gestern? Wie wird die Zukunft aussehen, wenn alles so weiterläuft wie bisher? Oder wie könnte eine Zukunft aussehen, die langfristig und weltweit die natürlichen Lebensgrundlagen erhält und allen Menschen eine gerechte Teilhabe ermöglicht? Welche politischen Ziele braucht es hierfür und welche Veränderungen? Und vor allem: Wie geht es, wie lässt sich das umsetzen?

Ein Transformationsprozess zur Nachhaltigkeit braucht eine breite gesellschaftliche Diskussion und letztlich Zustimmung. Eine Diskussion braucht eine Diskussionsgrundlage – das sollten beide Studien sein. Sie sollten Anstoß für die gesellschaftliche Debatte für ein „Zukunftsfähiges Deutschland" sein und zu einem Kurswechsel beitragen.

Ich möchte im Folgenden überlegen, ob „Wer wagt, gewinnt" auch für die Studien gelten kann. Dazu möchte ich jeweils die Entstehungsgeschichte beider Studien schildern, das Wagnis für die beteiligten Partner skizzieren, einige Hinweise zur Wirkung der Studien geben und einschätzen, ob sich das Wagnis für die Beteiligten gelohnt hat.

Entstehungsgeschichte „Zukunftsfähiges Deutschland I"

Wie nicht anders zu erwarten, war die UN-Konferenz in Rio im Juni 1992 zu Umwelt und Entwicklung der Ausgangspunkt. Die Bekenntnisse der Politiker zur Nachhaltigkeit waren vollmundig und unverbindlich, Ansätze zu konkretem Handeln fehlten und der Schwung von Rio verflüchtigte sich schnell im Alltäglichen. Bald darauf – im Juli 1992 – fand in München der Weltwirtschaftsgipfel (damals noch G7) und der von der Zivilgesellschaft organisierte „Gegengipfel", an dem sich auch der BUND beteiligte, statt. Der BUND war 1989 Mitglied des internationalen Netzwerkes von *Friends of the Earth* geworden. In München erzählte mir Manus van Brakel von unserer holländischen

Partnerorganisation *Milieudefensie* von der Studie *Sustainable Netherlands*, die das Ziel hatte, die Herausforderung der Nachhaltigkeit für die Niederlande konkret werden zu lassen und damit eine gesellschaftliche Debatte auszulösen. Die Studie baute auf dem Konzept von Prof. Hans Opschoor mit dem Konzept des Umweltraums auf: Der Umweltraum wird durch die ökologischen Grenzen bestimmt, eine nachhaltige wirtschaftliche und gesellschaftliche Entwicklung muss innerhalb dieses Umweltraums erfolgen. Ein zweites zentrales Element der Studie war der Anspruch auf Gleichverteilung globaler Ressourcen auf alle Menschen der Erde. Auf der Basis dieser beiden Punkte wurden die langfristig nötigen Reduktionsziele bis 2050 für die Niederlande abgeleitet – und ganz konkret für jeden einzelnen Niederländer und seinen individuellen Anspruch. Die Aussage, dass im CO_2-Budget eines Niederländers nur ein Flug alle 20 Jahre nach Brasilien drin sei, führte zu heftigen Diskussionen. Solche Diskussionen fanden in der Bundesrepublik nicht statt, da bis dahin die Forderungen der Nachhaltigkeit sehr abstrakt und folglich harmlos blieben, sowohl für Politiker wie für den oder die Einzelnen.

Mich hat *Sustainable Netherlands* angesteckt, ich war überzeugt, dass wir in der Bundesrepublik eine breite politische und gesellschaftliche Diskussion über die Frage brauchen, was eine Nachhaltigkeitspolitik mit einer Änderung der Konsum- und Produktionsstile denn konkret bedeutet und welche Veränderungen in Politik, Wirtschaft und Gesellschaft hierfür nötig sind (heute würde man vom Transformationsprozess sprechen). Die Studie gab es leider nur in Niederländisch, aber die Kurzfassung in Englisch. Mein erster Anlauf, diese englischsprachige Kurzfassung an verschiedene – wie ich annahm – interessierte Menschen zu verschicken, blieb ohne Resonanz. Dank der Unterstützung von Jo Leinen vom Europäischen Parlament konnte ich einige Zeit später die deutsche Kurzfassung verschicken, die dann auf Interesse stieß. Das Institut für sozial-ökologische Forschung übersetzte – mit Förderung durch das Hessische Umweltministerium – die niederländische Studie ins Deutsche. Damit waren die Voraussetzungen gegeben, die Idee einer deutschen Studie zur Konkretisierung der Nachhaltigkeit zu diskutieren und zu konkretisieren – erstmalig bei einer Tagung des „Arbeitskreises Wirtschaft" in einer von der Evangelischen Akademie Bad Boll organisierten Tagung in Dornstadt bei Ulm im November 1992 mit Manus van Brakel und damals schon mit Wolfgang Sachs vom Wuppertal Institut.

Die Delegiertenversammlung des BUND stimmte dann im Juni

1993 in Bad Godesberg dem Projekt zu. Das Projekt sollte dem Anspruch der Nachhaltigkeit auch dadurch entsprechen, dass als Auftraggeber nicht nur ein Umweltverband, sondern auch Entwicklungshilfeorganisationen ihre Sichtweisen einbringen sollten. Deshalb wurden Gespräche mit dem Evangelischen Entwicklungshilfewerk „Brot für die Welt“ und dem Katholischen Hilfswerk „Misereor“ aufgenommen. Ob bei Misereor das Interesse größer war oder die Entscheidungsfähigkeit schneller, jedenfalls haben sich BUND und Misereor mit dem Wuppertal Institut zusammengetan und einen Antrag zur Förderung der Studie bei der „Deutschen Bundesstiftung Umwelt“ (DBU) gestellt, der dann im Rahmen eines Kommunikationsprojektes (da die DBU reine Studien nicht fördern kann) bewilligt wurde. Im Februar 1994 begann die Erarbeitung der Studie. Soweit zur Entstehungsgeschichte.

Wagnis

Die Studie war ein Wagnis für alle Beteiligten. Das Wagnis wird vor allem dann deutlich, wenn man sich in die „historische“ Zeit von vor 20 Jahren versetzt. Manches von dem, was damals ungewöhnlich war, was Provokation war, ist heute keinen Aufreger mehr wert.

Das Wagnis lag schon im Titel der Studie. Sollten wir sie „Nachhaltiges Deutschland“ nennen? Nachhaltigkeit war damals nur in Expertenkreisen bekannt. Zudem hatten wir Scheu vor der Kombination von Nachhaltigkeit und Deutschland, wir befürchteten eine Assoziation im Sinne des alltagssprachlichen Verständnisses von Nachhaltigkeit als „lange während“ mit „1000 Jahren“. Wir haben deshalb die „Zukunftsfähigkeit“ erfunden und die Studie „Zukunftsfähiges Deutschland“ genannt.

Das Wagnis für die einzelnen Beteiligten war unterschiedlich: Der BUND hatte sich erst seit wenigen Jahren internationalen Fragen geöffnet. Würden die sehr stark lokal verankerten Gruppen die Studie mittragen und dann auch an die Öffentlichkeit tragen? Der BUND war vor allem auf Naturschutzthemen und zunehmend auch auf Umweltthemen ausgerichtet, die Bezüge zu wirtschaftlichen Problemstellungen und sozialen Fragen waren eher gering, gesellschaftliche Verbindungen in diese Gruppen gab es kaum. Der BUND war (und ist) ein weltlich geprägter Verband, Kontakte zu den Kirchen, insbesondere zur katholischen Kirche, waren selten und ungewohnt.

Von daher bedeutete die Studie sowohl eine inhaltliche Neuorientierung als auch eine gesellschaftspolitische.

Für Misereor waren zwar Umweltprobleme in der Projektarbeit im Süden geläufig, Umweltprobleme im Norden aber eigentlich nur dann im Blickfeld, wenn sie mit den Problemen im Süden in direkter Verbindung standen. Der Fokus auf die Entwicklungshilfearbeit im Süden wurde herausgefordert durch die zunehmende Erkenntnis, die von entwicklungspolitischen Gruppen schon seit einiger Zeit formuliert war: „Der Norden muss sich entwickeln, Entwicklung beginnt im Norden." Eine Studie über ein „Zukunftsfähiges Deutschland" stellte deshalb eine thematisch und politisch neue Positionierung dar, die insbesondere manchen Spendern nur schwer zu vermitteln war.

Für das Wuppertal Institut war die Herausforderung, eine inhaltlich breit gefächerte Studie zu erstellen und hierzu interdisziplinär im Institut und mit Außenkontakten zusammenzuarbeiten. Es war die Herausforderung, auf einer wertebestimmten Grundlage – der Nachhaltigkeit als weltweiter und generationenübergreifender Gerechtigkeit – eine wissenschaftliche Studie zu erstellen. Es sollte eine wissenschaftliche Studie sein, die aber trotzdem allgemein verständlich sein musste. Die Kombination von nüchternen statistischen und wissenschaftlichen Analysen, daraus abgeleiteten politischen Zielsetzungen und Maßnahmen und das Skizzieren von Leitbildern, die geerdet und doch visionär sein sollten, war neu. Das Ziel war, „das Zählen mit dem Erzählen zu verbinden", wie Reinhard Loske vom Wuppertal Institut es formulierte, denn die Studie sollte nicht nur Wissen vermitteln, sondern auch motivieren.

Ein Wagnis war auch die intensive Zusammenarbeit eines wissenschaftlichen Instituts mit Partnern aus der Praxis, die nicht – wie sonst oft als Praxispartner – nur befragt wurden, sondern die sich in einem Steuerungskreis auch inhaltlich eingemischt haben und die zudem noch ein wissenschaftliches Beratungsgremium für die Studie eingerichtet hatten.

Ein Wagnis war auch die Transparenz während des Entstehungsprozesses mit einer zuvor vereinbarten Zwischenkonferenz nach einem Dreivierteljahr, im November 1994, die zu einer deutlichen Umorientierung der Studie geführt hat. Ein Wagnis war es auch, die Öffentlichkeitsarbeit schon während des Entstehungsprozesses zu beginnen, was anspornte und neugierig machte, aber auch hohe Erwartungen weckte und Zusatzarbeit bedeutete.

Ein Wagnis war es auch für die Deutsche Bundesstiftung Umwelt (DBU), eine solche neue, unerprobte Herausgeberkonstellation und einen Kommunikationsprozess zu unterstützen, der darauf aufbaute, dass ein so vielfältiges und schwer steuerbares Gebilde wie ein Verband mit seinen ehrenamtlichen Mitgliedern bzw. den Kirchengemeinden diese Studie auch tatsächlich in die Öffentlichkeit tragen würde. Fraglich war auch, ob Politiker, Vertreter aus Wirtschaft und Gewerkschaften und anderen gesellschaftlichen Organisationen sich an der Diskussion der Studie beteiligen würden, vor allen Dingen aber war offen, ob Bürgerinnen und Bürger, ob verschiedene zivilgesellschaftliche Gruppen sich nicht nur auf die Diskussion dieser Studie einlassen, sondern sie als Anstoß zu eigenem Handeln nehmen würden, z. B. durch die Gründung von Agenda-21-Gruppen, und ob Kommunen diese Impulse aufnehmen würden. Offen war auch, ob die Wissenschaft sich mit so einem ungewöhnlichen, eben nicht rein wissenschaftlichen Beitrag auseinandersetzen würde.

Wirkung

Die Studie wurde in einer großen Präsentationsveranstaltung im Oktober 1995 in Köln vorgestellt. Die damalige Bundesumweltministerin Merkel nahm zur Studie Stellung und bescheinigte ihr den „Atem des Schaffbaren“.

Ist das Wagnis gelungen? Der Erfolg von Studien ist meist schwer einzuschätzen, aber bei der Studie ergibt sich deutlich ein positives Bild, wenn man die Studie misst

- an der öffentlichen Resonanz in Presse (der Spiegel sprach von der „Grünen Bibel“) und Fernsehen;
- an der Mitwirkung der Beteiligten aus den Verbänden und der Zivilgesellschaft, an der Zahl der Veranstaltungen und an der Ernsthaftigkeit der Diskussionen;
- an der Verbreitung der nachhaltigen Reduktionsziele (die zunächst von vielen als illusionär bis abwegig bezeichnet wurden, später aber teilweise Eingang in die Nationale Nachhaltigkeitsstrategie fanden);
- an der Verbreitung der Leitbilder, von denen „das rechte Maß für Raum und Zeit“ und „gut leben statt viel haben“ sich selbstständig gemacht haben;
- an der Verbreitung der Studie in der Bildungsarbeit durch zusätzliche Materialien zum Zukunftsfähigen Deutschland.

Die Studie wurde von einigen Vertretern der Politik und insbesondere der Wirtschaft als Provokation empfunden, als „Programm zum Untergang der Industrielandschaft Deutschland“, es wurde der Verteilungsgerechtigkeit die „Besitzstandswahrungsgerechtigkeit“ gegenübergestellt und die ethische Fundierung der Studie als unwissenschaftlich kritisiert. Aber diese Auseinandersetzungen waren wichtig zur inhaltlichen Klärung und um die Debatte voranzubringen, sie haben der Studie genutzt.

Kritisch dagegen war der Konflikt mit dem Bauernverband über den Ökolandbau, der sich bis zu einem angedrohten Spendenboykott gegenüber Misereor steigerte.

Wichtig war auch, Vertreter der Länder des Südens in die Erstellung und Diskussion der Studie einzubeziehen und sich mit dem Vorwurf des ökologischen Imperialismus und mit den Folgen einer Nachhaltigkeitspolitik im Norden für den Süden auseinanderzusetzen. In Diskussionen haben Vertreter des Südens der – nahezu standardmäßig gestellten – Frage der Geburtenkontrolle die – viele überraschende – Frage der Geburtenkontrolle für Autos entgegengestellt.

Der BUND hat sich durch die Studie internationalen, sozialen und wirtschaftlichen Fragen weiter geöffnet und sich in seinem Leitbild als „Nachhaltigkeitsverband" definiert.

Misereor hat die Kontroversen nicht nur mit dem Bauernverband, sondern auch mit dem Vorwurf, ob eine Finanzierung einer Studie „Zukunftsfähiges Deutschland" eine Zweckentfremdung von Spendengeldern sei, durchgestanden und letztlich an öffentlicher Anerkennung und politischem Profil gewonnen. Dies war wesentlich auch dem unerschrockenen Verhalten von Prälat Norbert Herkenrath zu verdanken.

Das Wuppertal Institut hat mit dieser Studie gezeigt, welche Potenziale in Interdisziplinarität und im Zusammenarbeiten mit Praxispartnern liegen. Forschungspolitisch nahm die Studie einiges vorweg, was später als sozial-ökologische Forschung und Forschung für die Transformation entwickelt wurde: Transdisziplinarität, transformative Forschung und Transformationsforschung.

Auch die DBU war zufrieden mit dem Projekt: Sie konnte durch den erfolgreichen Kommunikationsprozess in der Politik und in der Zivilgesellschaft ihr Profil erweitern.

Zukunftsfähiges Deutschland II

Entstehungsgeschichte

Über die Aktivitäten der ersten Studie „Zukunftsfähiges Deutschland" haben wir als Projektpartner immer wieder Bilanz gezogen: ein Jahr nach Erscheinen (und nach ca. 1000 Veranstaltungen) mit der „Misereor-Auswertung" „Ein Buch macht von sich reden" und 2002 mit dem Buch „Wegweiser für ein zukunftsfähiges Deutschland" mit unterschiedlichen Autoren und Beiträgen und einer großen Konferenz. Alle Beteiligten hatten lange Zeit nicht vor, sich an eine zweite Studie „Zukunftsfähiges Deutschland" zu wagen, obwohl es zunehmend Fragen nach einer Neuauflage und Aktualisierung gab: Die Zahlen waren teilweise veraltet, die Welt hatte sich verändert und die Studie „Zukunftsfähiges Deutschland" sollte in absehbarer Zeit aus dem Verlagsprogramm genommen werden. Deshalb stellte sich 10 Jahre nach der ersten Studie dann doch die Frage nach einem „Zukunftsfähigen Deutschland II". Erste Überlegungen dazu fanden in einem Café in Hamburg nach der Veranstaltung *McPlanet* im Frühsommer 2005 zwischen Wolfgang Sachs und mir statt, als wir die Notwendigkeit und auch das Risiko einer neuen Studie abwogen und die Inhalte skizzierten.

Nach einigen Sondierungen bildete sich schließlich eine Projektträgerschaft von BUND, Brot für die Welt und eed, und die DBU zeigte grundsätzliche Bereitschaft, ein zweites Projekt zu unterstützen. Die Beteiligung von Misereor, die ursprünglich geplant war, kam nicht zustande, weil Misereor zwischenzeitlich ein Projekt zu Klimawandel und weltweiter Armut in Auftrag gegeben hatte und die bischöfliche Kommission die gleichzeitige Beteiligung an zwei umweltpolitischen Projekten vermeiden wollte.

Die neue Studie sollte keine Fortschreibung des „Zukunftsfähigen Deutschlands" werden, sondern eher eine Neuschöpfung zu dem Lebens- und Problemkontext der nächsten Jahre.

Von der Form her sollte das Buch im Umfang kürzer und prägnanter ausfallen. Inhaltlich sollte die neue Studie Fragen der ersten Studie vertiefen, wie die Nord-Süd-Gerechtigkeit oder das Wirtschaftswachstum, vor allem aber sollte sie die Entwicklungen der letzten 10 Jahre aufnehmen:

1. den Globalisierungsschub in Wirtschaft, Politik und Kultur, mit dem sich die Frage nach der Verantwortung Deutschlands und Europas in der Welt drängender stellte.
2. das Ende der wohlfahrtsstaatlichen Expansion in Deutschland und somit die Herausforderung, mit geringeren Mitteln eine florierende, sozial inklusive Gesellschaft zu erreichen.
3. die Tatsache, dass Nachhaltigkeit zur Floskel zu werden drohte, weswegen sich die Frage härter stellte, welche Spielräume, Allianzen und Veränderungskräfte der Nachhaltigkeit politische Durchschlagskraft verleihen konnten.

Wagnis

Die Risiken dieser zweiten Studie waren gegenüber der ersten Studie gleichzeitig geringer und größer:

Die zweite Studie konnte auf den Grundlinien der ersten Studie aufbauen. Nachhaltigkeit und Zukunftsfähigkeit waren inzwischen geläufige Begriffe. Nachhaltigkeit hatte ansatzweise Eingang in die Politik gefunden, mit einer Nationalen Nachhaltigkeitsstrategie und kommunalen Agenda-21-Prozessen. Es gab eine Studie „Nachhaltiges Deutschland" des Umweltbundesamtes und Nachhaltigkeitsberichte in den Unternehmen. Nachhaltigkeit war anschlussfähig geworden. Nachhaltigkeit war kein Neuland mehr.

Diese politische und gesellschaftliche Aufnahme des Themas machte es für die Studie gleichzeitig schwerer, denn damit war vieles nicht mehr neu, provozierend und motivierend. Es war nicht der erste Aufschlag für eine gesellschaftliche Debatte, sondern auch Bilanz und Kritik der bisherigen Debatte und des bisherigen Handelns. So war es ein Wagnis, mit einer neuen Studie eine neue Debatte anfachen zu wollen, eine thematisch umfassendere und globale Debatte, eine Debatte, die die Schärfe der Herausforderung der Nachhaltigkeit aus der vorherrschenden Harmonisierungsrhetorik – wie der Vereinnahmung der als nachhaltiges Wachstum oder den angeblich konfliktfreien *Win-win*-Lösungen (wie z. B. der Bioenergie) – herausarbeiten sollte.

Der Anspruch der Studie, ganzheitlich, grundsätzlich und umfassend der Komplexität des Themas Nachhaltigkeit gerecht zu werden und die aktuellen Auseinandersetzungen einzubeziehen, hat dazu geführt, dass die zweite Studie nicht dünner als die erste (250 Seiten), sondern 656 Seiten dick und manchmal als Ziegelstein bezeichnet wurde – und dass ihr Umfang den Zugang und Durchgang erschwert hat. Zudem stellte diese Komplexität und Fülle ein Problem für die Kommunikation von einprägsamen, kurzen, leicht verständlichen Botschaften dar.

Wirkung

Am 14. Oktober 2008 wurde die Studie vorgestellt, zu einem Zeitpunkt, als die Dramatik und das ganze Ausmaß der Finanzmarktkrise deutlich wurde und diese Krise sich schnell zu einer Wirtschaftskrise entwickelte, die fast alle Staaten erfasste. Auf der politischen Tagesordnung stand zunächst Krisenbewältigung, Stabilisierung – und dann wieder

Wachstum und *business as usual* mit etwas Krisenpräventionsmaßnahmen.

Die Studie dagegen forderte ein neues Wirtschafts- und Zivilisationsmodell, das nicht länger auf Kosten der Schwachen, der Natur und der künftigen Generationen geht. Sie plädierte engagiert für einen Kurswechsel. Sie plädierte für den Primat der Politik vor der Wirtschaft, den Vorrang des Gemeinwohls vor Gewinninteressen, für eine Rekonstruktion der Industriegesellschaft, um einen ökologischen Umbau und nachhaltiges Wirtschaften zu ermöglichen. Sie plädierte für einen technologischen Wandel und gleichzeitig für einen Zivilisationswandel.

Trotz aller Krisenhektik und politischer Restaurationswünsche wurde die zweite Studie in der Öffentlichkeit gut aufgenommen, von der taz bis zur FAZ. Das zeigt, dass die Debatte um Wachstum und Werte, Neoliberalismus und Gerechtigkeit, Globalisierung und Regionalisierung in einer Zeit der Verunsicherung, Orientierungslosigkeit und des wachsenden Unbehagens an einer floskelhaften Politik in der Gesellschaft auf Interesse und Sympathie stieß. Das Presseecho war im ersten Jahr groß, die Nachfrage nach der Studie als Buch, Kurzfassung und im Internet auch. Die Bundeszentrale für Politische Bildung hat die Studie als Lizenzausgabe veröffentlicht. In Italien wurde eine Kurzversion herausgegeben. Die Studie fand sich nicht nur auf dem Schreibtisch von Bundespräsident Horst Köhler, sondern auch in seinen Reden wieder.

Bei der Evangelischen Synode in Bremen 2008 wurde die Empfehlung an die Mitgliedskirchen ausgesprochen, die Studie in ihrer Bildungsarbeit zu berücksichtigen; die Studie hat auch die Aktivitäten in der evangelischen Kirche zum Klimaschutz verstärkt. Die Inhalte haben Eingang gefunden in die Arbeit der Evangelischen Akademien, in Bildungsmaterialien und auch in anschaulicher Form in eine Ausstellung. Beim BUND gab es eine Veranstaltungsreihe „Zukunftsfähige Stadt“ und eine Studie „Zukunftsfähiges Hamburg“.

Trotzdem bleiben Fragen: Hätte die aktuelle Krise nicht stärker in die Öffentlichkeitsarbeit der Studie einbezogen werden können? Wäre es nicht möglich gewesen, die Krisenbewältigung zur Neuausrichtung zu nutzen? Hätten die Zelte der Occupy-Bewegung nicht mit dem ZD-Ziegelstein verbunden werden können? Hätte die Studie nicht – über die finanzielle Krise hinaus – stärker aktiv in aktuelle wissenschaftliche und gesellschaftliche Debatten eingebracht werden können, in die Debatten um Wachstum und grünes Wachstum, um Transformation, Rio-Konferenz 2012 oder Bürgerbeteiligung? Hätte es dann gelingen können, nach dem beeindruckenden Start in öffentlicher Resonanz und Absatzzahlen, das Interesse an der Studie zu halten und die Studie länger wirksam werden zu lassen?

Schluss

2008 ist die zweite Studie „Zukunftsfähiges Deutschland in einer globalisierten Welt“ erschienen. Das ist gut 5 Jahre her. Nach meiner Einschätzung hat sich auch dieses Wagnis gelohnt. Es lohnt sich auch zu überlegen, inwieweit die Studie heute noch – im Zusammenhang mit neuen Entwicklungen und Erkenntnissen – Basis sein kann dafür, dass die große Transformation zu einem zukunftsfähigen Deutschland gelingen kann.

Ich bin von einigen Menschen angesprochen worden mit der hoffnungsvollen Frage, ob denn ein Zukunftsfähiges Deutschland III auf den Weg gebracht würde. In den Vorbesprechungen im Veranstalterkreis war davon nicht die Rede. Jobst Kraus, langjähriger Studienleiter in der Akademie Bad Boll und eng mit den Studien verbunden, schätzt es so ein: „Die (zweite) Studie hat als Handbuch des Wandels – speziell mit ihrer ganzheitlichen Betrachtung von multiplen Krisenzusammenhängen wie auch Lösungsansätzen – weiterhin hohe Aktualität. Die Debatte um konkurrierende Paradigmen wie Nachhaltigkeit und Wachstum und unterschiedliche Leitbilder wie ‚Höher, schneller, weiter‘ oder ‚Weniger, anders, besser‘ ist nicht ausgefochten.“ Evangelische Akademien sind ein guter Ort für solche Auseinandersetzungen, aber auch für neue Ideen und praktische Experimente.

Und es gibt viel Neues:

- das Gutachten des Wissenschaftlichen Beirats der Bundesregierung Globale Umweltveränderungen (WBGU). „Gesellschaftsvertrag für eine Große Transformation“, 2011;
- das Gutachten des Sachverständigenrats für Umweltfragen (SRU) „Verantwortung in einer begrenzten Welt“, 2012;
- den Bericht der Enquete-Kommission „Wachstum, Wohlstand, Lebensqualität“, 2013;
- Es gibt erste Veröffentlichungen zu einer Postwachstumsgesellschaft und eine sich verbreiternde wachstumskritische Diskussion;
- es gibt neue Ansätze in der Zivilgesellschaft für eine Gemeinwohlökonomie, für eine Ökonomie des Tauschens und Teilens, für *Do-it-Yourself* und *Do-it-together*, für *Transition Towns* und *Urban Gardening*;

- es gibt neue Ansätze der Zusammenarbeit verschiedener gesellschaftlicher Gruppen wie z. B. beim Transformationskongress 2012 von Gewerkschaften, Kirchen und Umweltverbänden.

Ich freue mich, dass die Evangelischen Akademie Bad Boll u. a. mit diesem Band, aber auch mit einer Tagungs-Reihe zu Themen der Nachhaltigkeit den Dialog über eine zukunftsfähige Kultur des guten Lebens weiterführen und beleben will.

Karl-Werner Brand

„Zukunftsfähiges Deutschland" im Kontext: Diskurse – Praktiken – Strukturen

In diesem Beitrag möchte ich die beiden vom Wuppertal Institut erarbeiten Studien „Zukunftsfähiges Deutschland" I und II (BUND/MISEREOR 1996; BUND/Brot für die Welt/Evangelischer Entwicklungsdienst 2008) in mehrfacher Hinsicht in einen breiteren Diskussionskontext einbetten. Das betrifft erstens die Verortung der in beiden Bänden vertretenen Position im Gesamtdiskurs um „nachhaltige Entwicklung". Diese Verortung bezieht sich nicht nur auf die aktuelle Debatte. Es lässt sich vielmehr zeigen, dass die in diesem Diskurs miteinander konkurrierenden Positionen in der seit über 100 Jahren laufenden Debatte um Naturschutz und Naturmanagement immer schon präsent sind, nur problembezogen jeweils neu aktualisiert werden. Das betrifft zweitens die Kontextualisierung des in den beiden Bänden propagierten Leitbilds der „Suffizienz" in der empirischen Forschung zu Lebensstilen und Konsumpraktiken. Diese Analyse relativiert die Verallgemeinerbarkeit des Modells eines „suffizienten" Lebensstils. Und das betrifft drittens die Kontextualisierung der in den beiden Studien verfolgten Transformationsstrategie in der aktuellen sozialwissenschaftlichen Debatte über die Wandlungsdynamiken und Umbrüche der Moderne. Aus diesen drei Kontextualisierungen ergibt sich insgesamt eine etwas skeptische Sicht auf das in ZD I & II vertretene Transformationsmodell. Das heißt nicht, dass der geforderte tief greifende strukturelle Wandel in Richtung eines „öko-fairen" Gesellschaftsmodells nicht erstrebenswert wäre. Die Frage ist nur, ob diese Transformation so verlaufen kann, wie das in den beiden Studien beschrieben und propagiert wird.

Basisannahmen und Transformationsmodell der Studien „Zukunftsfähiges Deutschland"

Die Grundannahmen der beiden Studien[1] stützen sich zum einen auf globale Makrodaten zur Umwelt- und Klimaproblematik. Diese belegen, so die Autoren, dass die „Grenzen der Natur" bereits überschritten sind und dass die drohenden Katastrophen zur Änderung unseres fossilen, an ständigem (materiellem) Wachstum orientierten Wirtschafts- und Lebensstils nötigen (ZD II, 19ff.). Sie beziehen sich zum anderen auf globale Makrodaten zur sozialen Verteilung der Umweltnutzung. Diese zeigen wiederum, dass (a) große globale Ungleichheiten in der Nutzung des „Umweltraums zwischen Nord und Süd" bestehen und (b) das ressourcenintensive Wachstums- und Konsummodell des Nordens mit sozialer Ausbeutung und einer systematischen Verletzung von Menschenrechten im Süden einhergeht (ZD I, Kap. 3; ZD II, Kap. 5 und 6). Da dem globalen Süden aus Gerechtigkeitsgründen aber die gleichen Nutzungsmöglichkeiten zustehen wie den industrialisierten Ländern des globalen Nordens und da darüber hinaus ökologische Effizienzstrategien aufgrund von Reboundeffekten und technischen Grenzen der Entkoppelung von Ressourcenverbrauch und Wirtschaftswachstum keine grundsätzliche Lösung der steigenden ökologischen Belastungsproblematik bieten, sei ein Zivilisationswandel hin zu einem anderen, „öko-fairen" Wohlstandsmodell nötig (ZD II, Kap. 4 und 8). Dieses beruht wesentlich auf „Selbstbegrenzung" und „suffizienten" Lebensstilen, die dem generellen Bedürfnis nach einem „guten", zufriedenen Leben aber ohnehin entgegenkommen (109ff., 232ff.). Diese Zielperspektive wird seit einigen Jahren auch unter dem Stichwort der „Postwachstumsökonomie" oder „Postwachstumsgesellschaft" diskutiert.[2]

Insgesamt ist dies ein von der Dramatik der ökologischen Problembeschreibung und der moralischen Empörung über die soziale Ausbeutung im Nord-Süd-Verhältnis getragener emphatischer Bewegungsdiskurs, der als Konsequenz eine grundlegende Veränderung unseres material- und ressourcenintensiven Lebensstils einfordert. Ist dies die Basiserzählung der beiden Studien, so bieten sie im Einzelnen

---

1 Beide Studien werden im Folgenden als ZD I bzw. ZD II abgekürzt. Direkte Zitate stammen überwiegend aus der zweiten Studie ZD II („Zukunftsfähiges Deutschland in einer globalisierten Welt").

2 Seidl/Zahrnt 2010, Postwachstumsgesellschaft; Paech 2012, Befreiung vom Überfluss; Welzer/Wiegant 2013, Wege aus der Wachstumsgesellschaft.

eine auf Daten und Bilanzen gestützte Begründung dieser Narration, eine Ausformulierung und Illustration der angestrebten Leitbilder sowie – zumindest in ZD II – eine detailliertere Diskussion der Gestaltungsperspektiven des angestrebten Zivilisationswandels.

Wer sind nun die *Akteure* und die *treibenden Faktoren* dieses Übergangs? In ZD II werden vor allem drei Akteure bzw. Faktorengruppen genannt, die den bereits in Gang befindlichen Transformationsprozess vorantreiben bzw. vorantreiben sollen:

a) die *„Neue Internationale"* (ZD II, 601) der öko-sozialen Initiativen, Pioniere, Nischenmodelle und Protestbewegungen, die – quer zu den etablierten Kräften – durch ihre Überzeugungsarbeit und internationale Vernetzung die Leitbilder eines globalen, „öko-fairen" Wohlstandsmodells verbreiten und alternative Praktiken in den verschiedenen Produktions- und Lebensbereichen erproben;
b) *„externe Krisen"*, Katastrophen und Knappheiten, die aufgrund der dadurch geschaffenen Zwangslagen und der veränderten öffentlichen Problemwahrnehmungen Gelegenheitsfenster für den Durchbruch solcher alternativen Praktiken schaffen (ZD II, 602);
c) die *Politik*, die diesen Durchbruch gestalten und die institutionellen Rahmenbedingungen für die Verbreitung und Stabilisierung nachhaltiger, öko-fairer Wirtschafts- und Lebensweisen schaffen muss. Dem Staat wird dabei die entscheidende Rolle als „Geburtshelfer des *neuen Gesellschaftsvertrags*" zugesprochen, der nötig ist, um mit dem *business-as-usual* brechen und eine hinreichende „Selbstmobilisierung" der Gesellschaft erreichen zu können (607). In Absetzung vom neoliberalen Regime der vergangenen Jahrzehnte wird so ein „neuer Vorrang der Politik" propagiert, der es erlaubt, „das Übergewicht der Kapitalinteressen" zugunsten „der Interessen der Natur und der Menschen, gleich welcher Herkunft", zurückzudrängen (ebd.).

Neben den zivilgesellschaftlichen Pionieren und den unvermeidlichen katastrophischen Ereignissen wird somit der Politik die zentrale Rolle zugewiesen, die Wirtschaft global in „solar-effiziente" und „öko-faire" Bahnen zu lenken. Trotz aller Kritik an den ökologisch und sozial zerstörerischen Eigendynamiken einer neoliberal strukturierten Weltwirtschaft wird so ein erstaunlich idealistisches, an der klassischen Legitimationsfigur des Staates als dem „Repräsentanten des Gemeinwohls" orientiertes Transformationsmodell verfolgt. Dieses spricht der Politik – auch das im Anschluss an klassisch-idealistische Staatsvorstellungen – die zentrale gesellschaftliche Steuerungsfunktion zu. Die Frage ist, ob diese Annahmen ein realistisches Bild der Möglichkeiten des sozial-ökologischen Transformationsprozesses moderner Gesellschaften zeichnen.

ZD im Kontext (1): Das diskursive Konfliktfeld „nachhaltiger Entwicklung"

Die in ZD I und II entwickelte Argumentation bezieht sich zwar auf aktuelle globale Problemlagen und Handlungszwänge. Ihre Basisnarration verweist allerdings auf eine typische Spannungs- und Konfliktlinie, die die moderne Naturschutz- und Umweltbewegung seit ihren Anfängen im späten 19. Jahrhundert durchzieht. Die Naturschutzbewegung entfaltet sich ja nicht nur als romantisch-ästhetischer Protest gegen die industrielle Zerstörung tradierter, identitätsstiftender Kulturlandschaften. Sie wird in großen Teilen auch von einem ganzheitlich-spirituellen Protest gegen das mechanistische Modell der Industrialisierung von Gesellschaft und Natur, von großstadtfeindlichen „Zurück-zur-Natur"-Strömungen getragen, die an der Wende vom 19. zum 20. Jahrhundert in verschiedenen Facetten der Lebensreformbewegung zum ersten Mal eine größere gesellschaftliche Mobilisierungskraft entfalten (Krabbe 1974, Linse 1986). Diese ganzheitlich orientierten Stränge der Naturschutzbewegung, die das Unbehagen an den Folgen der Industrialisierung in die Fluchtpunkte einer idyllischen oder einer wilden, unberührten Natur projizieren, kollidieren von Anfang an mit Strängen der Umweltbewegung, denen es vorrangig um ein rationales Natur- und Umweltmanagement ging. Diese beiden unterschiedlichen Varianten des Natur- und Umweltschutzes führen beispielsweise in der amerikanischen Naturschutzbewegung bereits sehr früh zu einer Polarisierung zwischen dem romantisch-spirituell am Erhalt von *wilderness* orientierten *preservation movement* und dem an einem wissenschaftlich basierten, nachhaltigen Naturmanagement orientierten *conservation movement* (Hays 1959, Nash 1967).

Neben der klassischen Frontstellung zwischen Naturschutz und industrieller Naturnutzung (Ökologie vs. Ökonomie) zieht sich so auch eine Polarisierung zwischen einem am Eigenwert der Natur und einem an der rationalen, nachhaltigen Ressourcennutzung orientierten Flügel der Naturschutzbewegung durch die Geschichte der Umweltbewegung. Mit der Institutionalisierung des Umweltkonflikts, der generellen Anerkennung der Notwendigkeit von Umweltschutz und Umweltvorsorge, verschmilzt der ökonomisch-industrielle Gegenpol zu Umwelt- und Naturschutzinteressen – zumindest in westlichen Industrieländern

– weitgehend mit dem am rationalen Modell des Naturmanagements orientierten Pol der Umweltbewegung. Die auf technisch-ökonomische Innovation setzende Strategie der „ökologischen Modernisierung“ (Mol et al. 2009) steht seither sozialökologischen Veränderungsstrategien gegenüber, die eine Lösung der Probleme vorrangig von einer Veränderung der Lebensweise und gesellschaftlicher Organisationsformen erwarten (Adler/Schachtschneider 2010). Trotz der Erwartungen, die sich insbesondere in ZD I noch auf eine „Effizienzrevolution“ richten (vgl. aber auch ZD II, Kap. 11, 12), ist die Basisnarration des „Zukunftsfähigen Deutschland“ im Wesentlichen mit dieser zweiten Position verknüpft. Darauf beziehen sich auch die in ZD I und II formulierten Leitbilder.

Das folgende Schema (Abb. 1) fasst die typischen Ausprägungen dieser grundlegenden Konfliktlinie(n) in den verschiedenen Phasen der Naturschutz- und Umweltbewegung noch einmal kurz zusammen:

Lokaler Naturschutz (19. bis Mitte des 20. Jahrhunderts)	
a) Industrieller Fortschritt: Technisch-ökonomische Naturausbeutung	Romantisches Naturverständnis (Naturschutz- und „Zurück-zur-Natur“-Bewegungen)
b) Effizientes Ressourcen- und Naturmanagement (*conservation*)	Ganzheitlich-spirituelles Naturverständnis (*preservation of wilderness*, Gründung von Nationalparks)
„Umweltschutz“ (1960er/70er/80er Jahre)	
a) Wirtschaftlich-industrielles Wachstum	Ökologische „Grenzen des Wachstums“, Industrialismuskritik (Mensch als Teil des Gewebes der Natur, „konviviale Technik“, *small is beautiful*)
b) Ökologische Modernisierung	Radikale Ökologie, Bioregionalismus, Ökofeminismus

„Nachhaltige Entwicklung“ (1990er/2000er Jahre)	
„grünes Wachstum“ / Wachstum der Grenzen (Effizienzstrategie: technische Innovation + ökonomische Anreize)	Globale „öko-faire“ Entwicklung im Rahmen der Naturgrenzen (Subsistenz, Suffizienz, neue Wohlstandsmodelle)
„Klimawandel“ und „Energiewende“ (2007 ff)	
„Energiewende“: „Dritte industrielle Revolution“, Klimaanpassung (*adaptation*)	Postwachstumsdiskurs, Zivilisationswandel, Klimavorsorge (*mitigation*)

Abb. 1: Die Aktualisierung alter Kontroversen – Typische Konfliktlinien der Umweltdebatte

Die Beständigkeit dieser Konfliktlinie(n) lässt sich unterschiedlich erklären. Kulturgeschichtliche Erklärungen verweisen auf den ausgeprägten Dualismus des modernen westlichen Verhältnisses von Gesellschaft und Natur, in dem das dominante instrumentelle Naturverhältnis mit Beginn der Industrialisierung den Gegenpol des romantischen, ganzheitlich-spirituellen Naturbezugs hervorbringt, der insbesondere in produktionsfernen, städtisch-bürgerlichen Kreisen eine größere Resonanz findet (Groh/Groh 1991, Schama 1996). Moderne Naturdiskurse haben sich über diese klassische Polarisierung hinaus inzwischen allerdings sehr viel weiter ausdifferenziert. Umweltschutz wird längst industriell betrieben und über die Notwendigkeit eines „rationalen“, wissenschaftlich basierten Natur- und Umweltmanagements besteht ein breiter gesellschaftlicher Konsens. Auf der Alltagsebene werden üblicherweise von ein und denselben Personen in unterschiedlichen Praxiskontexten (Arbeit, Wohnen, Erholung, Sport, Urlaub, lokale Umweltbeeinträchtigung etc.) unterschiedliche Naturbezüge aktualisiert (Lantermann et al. 2003, Macnaghten/Urry 1988). Gleichwohl strukturieren basale Welt- und Naturbilder nach wie vor unsere Grundhaltungen im Umgang mit den vielfältigen, kontextspezifischen „Naturen“ und den Problemen, die sich aus den miteinander konkurrierenden Naturnutzungen und Naturbezügen ergeben. Ähnliche Erklärungen bieten Ansätze, die auf zugrunde liegende, mit unterschiedlichen sozialen Milieus verknüpfte Wertmuster (Inglehart 1995) und „Naturmythen“ (Thompson et al. 1990) verweisen.

Einen anderen Zugang zur sozio-kulturellen Verortung der Basisnarration von ZD I und II bietet eine Diskursanalyse der internationalen

Debatte um nachhaltige Entwicklung.[3] Begreift man das im Brundtland-Report entwickelte und auf der Rio-Konferenz international verankerte Leitbild nachhaltiger Entwicklung (*sustainable development*) nicht als fixes Konzept, sondern als eine aus Verhandlungsprozessen erwachsene neue diskursive Rahmung eines gleichermaßen umwelt- wie sozialverträglichen globalen Entwicklungsmodells, so versteht es sich von selbst, dass dessen Umsetzung angesichts der hochgradig unterschiedlichen Lebensbedingungen auf der Erde und angesichts der sehr heterogenen Interessenlagen und Weltbilder sozialer Akteursgruppen sehr kontrovers ‚ausbuchstabiert' wird. Diese Debatte lässt sich als ein spezifisches Diskursfeld analysieren, das von zwei Achsen aufgespannt wird (vgl. Brand 2014, 54ff.):

(1) einer Achse unterschiedlicher Natur- und Technikbilder mit den Gegenpolen „Technozentrismus" (technisch-industrielles Fortschrittsmodell) vs. „Ökozentrismus" (Einbindung industrieller Entwicklung in ökologische Kreisläufe) und
(2) einer Achse unterschiedlicher Entwicklungs- und Wirtschaftsmodelle mit den Gegenpolen „weltmarktorientiertes, industrielles Wachstumsmodell" vs. „subsistenzorientierte Gemeinschaftsmodelle".

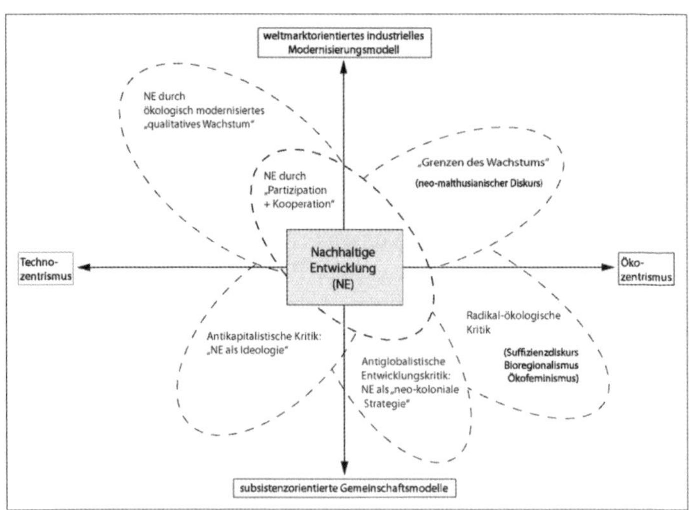

Abb. 2: Kontroverse Positionen im internationalen Diskursfeld nachhaltiger Entwicklung

[3] Vergleiche zu den theoretischen und methodischen Prinzipien der Diskursanalyse die Einführung von R. Keller 2004, Diskursforschung.

Innerhalb dieses Feldes finden sich dann sowohl der hegemoniale Diskurs nachhaltiger Entwicklung (im linken oberen Quadranten) als auch eine Fülle von natur- und entwicklungsbezogenen Gegendiskursen. Diese können hier nicht im Einzelnen beschrieben, sondern nur in Stichworten umrissen werden.[4]

(a) *Der hegemoniale Nachhaltigkeitsdiskurs*: So, wie das Konzept im Brundtland-Report eingeführt und in den Dokumenten der Rio-Konferenz institutionell verankert wird, sollen ökologische und soziale Entwicklungsprobleme dadurch gelöst werden, dass das herkömmliche industrielle Wachstumsmodell in ein *ökologisch modernisiertes, „qualitatives" oder „nachhaltiges Wachstum"* transformiert wird. Die lokale und bereichsspezifische Umsetzung dieses Ziels setzt dabei, wie die „Agenda 21" betont, eine breite gesellschaftliche *Kooperation und Partizipation* voraus.

(b) *Naturbezogene Gegendiskurse*: Gegen diese hegemoniale, auf die Verbreitung des – ökologisch korrigierten – Wachstumsmodells setzende Strategie nachhaltiger Entwicklung wenden sich, mehr oder weniger radikal, zwei Positionen, die von einem ökozentrischen Welt- und Naturbild ausgehen. Das ist zum einen die Position der *„Radikalen Ökologie"*, die die menschliche Gemeinschaft nur als *ein* Element im Gewebe der Natur versteht. Diese Position wird z. Bsp. im romantisch-spirituellen Flügel der Naturschutzbewegung, in bioregionalistischen und ökofeministischen Ansätzen vertreten. Das ist zum anderen der *neo-malthusianische Diskurs der „Grenzen des Wachstums"*, der dic Grenzen der Tragfähigkeit der Erde bereits weit überschritten sieht und deshalb eine strenge hierarchische Regulierung und Kontrolle sowohl des wirtschaftlichen als auch des Bevölkerungswachstums fordert (P. Ehrlich, D. Meadows, J. Randers).

(c) *Entwicklungsbezogene Gegendiskurse*: Das im hegemonialen Nachhaltigkeitsdiskurs implizierte, am westlichen Modernisierungspfad orientierte Verständnis von ‚Entwicklung' wird in der internationalen Debatte ebenfalls in verschiedenen Varianten kritisiert. Ein in südlichen Ländern einflussreicher Diskurs, der im Namen marginalisierter kleinbäuerlicher und indigener Bevölkerungsgruppen geführt wird, begreift die nachhaltige Entwicklung als *„neokolo-*

[4] Eine ausführlichere Darstellung des hegemonialen Nachhaltigkeitsdiskurses wie der verschiedenen Gegendiskurse findet sich in Brand 2014, Umweltsoziologie, S. 54ff. Hier finden sich auch die verschiedenen Quellen dieser Analyse.

niale Strategie", die ein Modell von Entwicklung verfolgt, das mit der weltweiten Verbreitung kapitalistischer Marktstrukturen und der Zerstörung subsistenzorientierter Lebensweisen einhergeht (M. Mies, V. Shiva, W. Sachs u. a.). Ein zweiter Strang dieses Gegendiskurses ist die komplementäre, in nördlichen Ländern verbreitete Kritik am wachstumsorientierten westlichen Lebens- und Konsumstil. Dieser „*Suffizienz- und Postwachstumsdiskurs*" verfolgt den Rückbau globaler ökonomischer Abhängigkeiten, den Umbau der Ökonomie zur „ganzen Wirtschaft" (wie das in ZD II umschrieben wird), die Stärkung regionaler Kreisläufe und die Beschränkung des Konsums auf das „rechte Maß" (Suffizienz). Ein dritter Strang ist die in vielen Facetten formulierte *neomarxistische Kritik am Konzept nachhaltiger Entwicklung*. Selbst wenn die Transformation des Kapitalismus in einen „grünen Kapitalismus" gelingen sollte, so sind – aus dieser Sicht – weder gesellschaftliche Ausbeutungs- und Herrschaftsstrukturen noch die Ausbeutung der Natur beseitigt. *Green capitalism* wird vielmehr nur als eine neue Form der kapitalistischen „Landnahme", der ökonomischen Inwertsetzung von Natur verstanden. Das Nachhaltigkeitskonzept spielt aus dieser Perspektive nur eine ideologische, entpolitisierende Rolle, indem Umweltprobleme als eine gemeinsame, „externe" Bedrohung der Menschheit interpretiert werden, was die faktisch bestehenden globalen Ungleichheiten und Herrschaftsverhältnisse ausblendet.

Die Basiserzählung der Studien ZD I und II ist eindeutig im rechten unteren Quadranten dieses Diskursfeldes verortet. Ökozentrische und an gerechten, gemeinschaftlichen Gesellschaftsmodellen orientierte Welt- und Naturbilder prägen den Diskurs der beiden Studien. Das schließt zwar nicht aus, dass auch an Energie- und Ressourceneffizienz orientierte ökologische Modernisierungsstrategien verfolgt und als Voraussetzung einer Dematerialisierung unseres Wirtschafts- und Konsummodells betrachtet werden. Das macht ZD I und II anschlussfähig an den Mainstream der Nachhaltigkeitsdebatte. Aber darin erschöpft sich der Diskurs des „Zukunftsfähigen Deutschlands" nicht. Er zielt auf eine sehr viel weitergehende Restrukturierung unseres Wohlstandsmodells – auf einen kulturell fundierten „Zivilisationswandel". Die dazu propagierte Strategie ist die der „Selbstbegrenzung" (ZD II, Kap. 8.3).

ZD im Kontext (2): Suffizienz, Lebensstile und Konsumpraktiken

Die Frage ist, welche gesellschaftliche Resonanzfähigkeit, welche Anschlussmöglichkeiten das Leitbild der „Suffizienz" und der „Selbstbegrenzung" für das Alltagshandeln besitzt. Das eröffnet ein neues Feld der Kontextualisierung der Basisnarration der ZD-Studien.

Was wird in den Wuppertal-Studien überhaupt unter „Suffizienz" verstanden? Grundsätzlich geht es bei „Suffizienz" um das „rechte Maß", um die Wiedergewinnung eines neuen Gleichgewichts zwischen materiellen und immateriellen Werten, für das Wolfgang Sachs (1993) schon früh vier Strategien – Entschleunigung, Entflechtung, Entrümpelung, Entkommerzialisierung – vorschlagen hat, die in den Leitbildern des ZD I ausführlicher erläutert wurden. Grundsätzlich geht es dabei um ein Leben, das sich dem Räderwerk des ‚immer schneller, größer und mehr' entzieht und aus einem einfacheren, entschleunigten Leben ein höheres Maß an Zufriedenheit bezieht (vgl. auch Schneidewind/Zahrnt 2013, 13 f). Das ist aber nur der eine Aspekt. Diese Empfehlungen finden sich auch in vielen anderen alltagspsychologischen und -philosophischen Ratgebern (*simplify your life*). Der entscheidende Unterschied zur Narration der ZD-Studien und zum Nachhaltigkeitsdiskurs generell ist die Begründung des geforderten Lebensstilwandels, der Bezug auf die globale ökologische und soziale Problematik des industriellen Wohlstandsmodells. In ZD II (Kap. 20) wird der propagierte neue, suffiziente Lebensstil deshalb auch mit dem Begriff des „achtsamen" Lebens umschrieben. Das appelliert an die moralische Verantwortung, an die Verpflichtung, ökologische und soziale Kriterien in Konsum und Alltagshandeln zu berücksichtigten. Letzteres ist das dominante Motiv. Das erste, durch den gängigen Verweis auf moderne Glücksstudien unterstrichene Motiv der Wiedergewinnung einer neuen Lebensbalance und Lebenszufriedenheit, hat eher strategisch unterstützenden, werbenden Charakter. Es soll die Akzeptanz des moralisch geforderten „achtsamen Lebens" erhöhen, es nicht nur als moralische Verpflichtung, sondern als ein attraktives Lebensmodell erscheinen lassen, das sich auch in aktuellen Lifestyle-Trends widerspiegelt.

Die Frage ist, ob diese Rechnung aufgeht. Grundsätzlich ist der Annahme natürlich zuzustimmen, dass Effizienz- oder Konsistenzstrategien, die ganze schöne neue Welt der *green technologies* und *smart grids* (vgl. Fücks 2013), die ökologische Problematik zwar – in Grenzen – entschärfen können, per se aber noch nichts zur Realisierung sozialer Nachhaltigkeitsziele beitragen. Wie sollten Effizienzstrategien automatisch zu sozialer Integration und sozialer Sicherheit, zu Geschlechtergerechtigkeit und zur Institutionalisierung neuer Formen der „Tätigkeitsgesellschaft“, zur Sicherung gesellschaftlicher Teilhabemöglichkeiten oder auch zum Abbau globaler, in Weltmarktstrukturen verankerter Ungleichheiten führen? Sie lassen sich unter veränderten institutionellen Rahmenbedingungen mit diesen Zielen allenfalls koppeln; sie können aber auch gegenteilige Effekte haben und bestehende Ungleichheitsstrukturen verfestigen. Ob – neben den hohen Erwartungen an die Politik – der propagierte suffiziente Lebensstil aber die entscheidende Stellschraube des erstrebten „Zivilisationswandels“ sein kann, ist zumindest fraglich.

Das setzt eine kurze Klärung des Konzepts der „Lebensstile“ voraus. Lebensstile haben mit der alltagsästhetischen Stilisierung der eigenen Lebensführung zu tun, mit den „feinen Unterschieden“ (Bourdieu 1982), mit den sozialen Zuordnungen und Abgrenzungen, die sich über alltagskulturelle Differenzen herstellen lassen. Sie zeigen sich in der Art, in der man sich kleidet, in den Dingen, die man konsumiert, in Kommunikationsformen und Freizeitverhalten, in der Möblierung der eigenen Wohnung, in der Automarke oder dem Fahrrad, das man fährt, auch im Umgang mit Tieren und Natur. Das Konzept der Lebensstile gewinnt seine Attraktivität für Marketing wie für sozialwissenschaftliche Analysen aus der Erfahrung, dass die traditionellen, sozialstrukturellen Merkmale der Klassen- oder Schichtzugehörigkeit (Beruf, Bildung, Einkommen) in modernen Konsumgesellschaften für viele Bereiche des alltäglichen Verhaltens keine besondere Erklärungskraft mehr besitzen. Sozialstrukturelle Individualisierungs- und kulturelle Pluralisierungsprozesse haben zu einer Entkoppelung von sozialen Lagen, Verhaltensweisen und kulturellen Orientierungen geführt (Hradil 1987). Wie weit diese Entkoppelung reicht, inwieweit diese Stilisierungen des eigenen Lebens individuell gewählt oder doch noch wesentlich durch objektive Lebensbedingungen geprägt sind, ist umstritten. Die Annahme, jeder könnte seinen Lebensstil frei wählen, ist sicher eine Illusion. Nach wie vor haben die jeweiligen sozialstrukturellen Merkmale und Kontextbedingungen, Geschlecht und Alter, Bildung, die jeweilige berufliche und finanzielle Situation, großstädtisches oder ländliches Lebensumfeld sowie der jeweilige Haushaltsstatus (Single, Zweierbeziehung, Familie mit Kindern usw.), eine erhebliche Bedeutung für die Ausprägung von Lebensstilen. Klar scheint aber auch, dass fortschreitende Individualisierungsprozesse und die Auflösung standardisierter Lebensläufe und Berufsbiographien neue Möglichkeiten und neue Zwänge der Selbstgestaltung des eigenen Lebens geschaffen haben (Beck 1996, Beck/Gernsheim 1994). Erst diese Individualisierungs- und Pluralisierungsprozesse haben der Frage der Lebensstile ihre aktuelle Bedeutung verliehen.

Damit gewinnen Lebensstile aber auch für Fragen des Umweltverhaltens eine hohe Relevanz. So ist die ökologische Thematik in den 1970er Jahren in den westlichen Industrieländern für viele Protestgruppen zum zentralen Fokus einer neuen politisch-kulturellen Identität geworden, die nicht nur im politischen Verhalten, sondern auch in spezifischen Lebensstilen zum Ausdruck kam (Brand et al. 1986). Mit dem Zerfall dieser „alternativen Milieus“ in den späten 1980er Jahren und der breiten gesellschaftlichen Diffusion ökologischer Verhaltensnormen erlangte die ökologische Thematik dann auch in anderen Milieus eine gewisse Bedeutung. Daran schließen aktuelle Forschungen an, die die Resonanz- oder Anschlussfähigkeit ökologischer Verhaltensnormen und Lebensweisen in den verschiedenen Lebensstilgruppen untersuchen (vgl. Kleinhückelkotten 2005, Rink 2002, BMU 2009) und der Frage nachgehen, wie Mobilisierungskampagnen für nachhaltige Mobilität, Wohnen oder Ernährung auf diese Lebensstilgruppen zugeschnitten werden können (vgl. u. a. Götz 2012, Empacher/Hayn 2005).

Dass diese Lebensstilaspekte für Fragen des Konsums eine so hohe Bedeutung besitzen, hängt damit zusammen, dass die symbolische Bedeutung des Konsums mit der Verbreitung moderner Konsumgesellschaften erheblich gestiegen ist. Nicht nur der Besitz, sondern auch der spezifische Gebrauch bestimmter Güter und Dienstleistungen wird Teil einer hoch differenzierten Welt symbolischer Beziehungen und Inszenierungen, die der Expression des Selbstwertgefühls dient und die Zugehörigkeit zu einer bestimmten Gruppe und die gleichzeitige Distanzierung von anderen signalisiert (Wiswede 2000). Das bietet allerdings auch spezifische Ansatzpunkte für nachhaltigen und politischen Konsum („shopping for a better world“). Die Bereitschaft der Verbraucher, für symbolisch hoch bewertete Produkte und Dienstleitungen vergleichsweise hohe Preise zu zahlen, kann auch den Segmenten regionaler, ökologischer und sozial verträglicher Produkte und Dienstleistungen eine erhöhte Bedeutung verschaffen. Der *Lifestyle of Health and Sustainability* (LOHAS) ist seit Jahren im Trend. Dieser wird nicht zuletzt davon gestützt, dass sich im Segment hochwertiger, umwelt- und sozialverträglicher – oder auch als gesund angesehener – Produkte und Dienstleistungen sehr viel mehr verdienen lässt als in Billigsegmenten. Zusammen mit der gestiegenen Macht der Verbraucher als politische, strategisch agierende Marktteilnehmer (Konsumboykotte, Skandalisierung bestimmter Unternehmenspraktiken etc.) bewirken diese Trends somit eine gewisse „Moralisierung der Märkte" (Stehr 2007).

Aber: Wird hier die Macht der Konsumenten nicht verklärt? Ist die „Moralisierung der Märkte" nicht primär Marketing, in vielen Fällen auch offenkundiges *greenwashing* und *moralwashing*? Sind diese Trends nicht hochgradig selektiv, auf einzelne Sektoren, Produkte und Dienstleistungen beschränkt, so dass auch LOHAS den üblichen Patchworkcharakter (wenig) umweltbewusster Verhaltensweisen aufweisen? Und in diesem Zusammenhang von besonderer Relevanz: Sind konsequentere, „suffiziente" Konsum- und Lebensstile nicht eng mit bestimmten Lebenstilmilieus, mit den postmateriellen Orientierungen höher gebildeter Mittelschichten verknüpft?

Da alle Lebensstilanalysen auf solche Zusammenhänge verweisen, kann auch nicht von entsprechenden *Trickle-down*-Effekten ausgegangen werden. Die Modelle eines an moralischen Prinzipien globaler Verantwortung orientierten „achtsamen" Lebens wie auch die Leitbilder der „Selbstbegrenzung" finden nur in einem begrenzten sozialen Umfeld positive Resonanz. Sie sind eng mit den Wertorientierungen und Lebenseinstellungen postmaterieller Milieus verknüpft. Zu hoffen, diese Visionen – und all die daraus erwachsenen Initiativen, Pioniermodelle und Lebensformen – würden auch von anderen Milieus, etwa von traditionsorientierten Mittelschicht-, jüngeren „hedonistischen" oder „konsum-materialistischen" Unterschichtmilieus (vgl. die jeweiligen SINUS-Milieu Beschreibungen) als attraktiv empfunden, ist illusorisch. Sind kulturelle Pluralisierung und die Ausdifferenzierung von Lebensstilen ein für moderne Gesellschaften typischer Trend, so macht es wenig Sinn, in der Propagierung „suffizienter" Lebensstile *den* zentralen Ansatzpunkt des geforderten Zivilisationswandels zu sehen. Es liegt stattdessen nahe, die *selektiven Anknüpfungsmöglichkeiten und „Motivallianzen" unterschiedlicher Milieus* für die Förderung nachhaltigen Konsums zu nutzen.

Vieles weist allerdings darauf hin, dass die Erwartungen an solche selektiven, lebensstil- und zielgruppenspezifischen Marketing- und Diffusionsstrategien nachhaltiger Konsummuster ohnehin überzogen sind. Konsum erschöpft sich nicht in seiner symbolischen Funktion. Vor allem in seinen alltäglichen, technisch geprägten Formen (Wohnen, Energieverbrauch, Transportsysteme etc.) lässt sich Konsum sehr viel angemessener als ko-evolutionäres Produkt technischer, ökonomischer, politischer und soziokultureller Entwicklungen begreifen. Im Alltag bewegen sich Konsumenten in einem komplexen, durch infrastrukturelle Versorgungssysteme und Kommunikationsmedien, durch Haushaltsgeräte, Produkt- und Dienstleistungsangebote, durch Einkommen, Wohnsituation und Familienarrangements strukturierten Rahmen, der die jeweiligen Normalitätserwartungen prägt. Individuelles Konsumverhalten wird darüber hinaus, eher latent als bewusst, durch generelle strukturelle Entwicklungstrends geprägt (Individualisierung, informationstechnische Entwicklung, Globalisierung, Zunahme weiblicher Berufstätigkeit, Flexibilisierung der Arbeit, demographische Entwicklung etc.). Aus all dem ergibt sich die Notwendigkeit, die Einbettung des Konsums in das Geflecht systemischer Abhängigkeiten und Praxisgefüge zu berücksichtigen (Brand 2008). Diese Zusammenhänge lassen sich aus einer praxistheoretischen Perspektive sehr viel besser erschließen als aus der Perspektive von Konsum- und Lebensstilen (Brand 2014, 173ff., Shove 2003).

Methodisch bedeutet dies, die Art und Weise zu entschlüsseln, wie sich sozio-kulturelle, technische, ökonomische und politische Elemente zu bestimmten sozio-materiellen Praxisarrangements verknüpfen und zu Routinen verfestigen, welchen Dynamiken diese Arrangements unterliegen und wie in diese Zusammenhänge interveniert werden kann, um Spiralen nicht-nachhaltigen Konsums zu unterbrechen und umzupolen. Konsummuster lassen sich so durchaus nachhaltiger gestalten, auch wenn das Leitbild der Suffizienz keine besondere Resonanz findet. Suffizienzstrategien sind nur ein Ansatzpunkt unter anderen. Die Attraktivität suffizienter Lebensstile lässt sich auf der symbolisch-kulturellen Ebene durch Medien, Pioniermodelle, kulturelle Bewegungen und Moden zwar erhöhen. Da Lebensstile eine kollektive, identitätsstiftende Funktion haben, leben sie aber auch von sozialer Distinktion. Dass „suffiziente“ Lebensstile zum Mainstream werden, ist deshalb nicht zu erwarten, allenfalls der selektive, kompensatorische Einbau in beschleunigte, flexibilisierte, auf „Selbstoptimierung“ verpflichtete, stressige Alltagswelten (Wellness, Slow & Regional Food, vegetarisches Essen, optimierte *work-life balance*, partielles *downshifting* etc.).

ZD im Kontext (3): Soziologische Transformationsmodelle moderner Gesellschaften

Vor allem in ZD II wird der Politik eine zentrale Rolle in der Umsteuerung moderner industrieller Wachstumsgesellschaften in Richtung zukunftsfähiger, „öko-fairer" Wirtschafts- und Lebensweisen zugewiesen. Wie lässt sich dieser Anspruch vor dem Hintergrund aktueller sozialwissenschaftlicher Modernisierungs- und Globalisierungstheorien bewerten? Auch wenn diese durchgängig keine normativ, auf einen bestimmten Zielzustand hin orientierten Transformationstheorien sind, sondern nur den Anspruch einer deskriptiven Analyse aktueller Entwicklungsdynamiken und ihrer Ambivalenzen erheben, so bieten sie doch gerade deshalb eine geeignete Bewertungsfolie für das in den ZD-Studien implizierte Transformationsmodell. Es ist hier allerdings nicht möglich, das breite Spektrum einschlägiger Theorieansätze aufzufächern. Ich möchte vielmehr anhand von zwei sehr konträren Ansätzen, (1) Niklas Luhmanns differenzierungstheoretischem Ansatz und (2) dem regulationstheoretischen Ansatz gesellschaftlicher Transformation, der Frage nachgehen, inwieweit von der Politik erwartet werden kann, dass sie als zentrale gesellschaftliche Steuerungsinstanz und als „Repräsentantin des Gemeinwohls" diesen Transformationsprozess zielgerichtet gestalten kann.

Niklas Luhmanns Modell funktionaler Differenzierung

Luhmanns Bezugspunkt ist die funktionale Ausdifferenzierung moderner Gesellschaften als evolutionärer Prozess. Luhmann greift dabei das von Humberto Maturana und Francisco Varela für biologische Systeme entwickelte Autopoiesis-Konzept auf und überträgt es auf die Soziologie (Luhmann 1984, 1997). Systeme werden dann nicht mehr, wie in der klassischen kybernetischen Systemtheorie, als umweltoffene Systeme konzipiert, die durch Input- und Output-Beziehungen mit ihrer Umwelt verknüpft sind, sondern als selbstreferentiell geschlossene, autopoietische Systeme, die sich mittels der fortlaufenden Produktion ihrer Elemente selbst erzeugen und erhalten. Funktional ausdifferenzierte soziale Teilsysteme (Politik, Wirtschaft, Wissenschaft, Recht etc.) lassen sich dann nicht mehr nach dem Modell „Teil/Ganzes" begreifen, sondern nur über ihre systemspezifischen, von „Codes" und „Programmen" gesteuerten Operationsweisen. Moderne Gesellschaften sind nicht mehr hierarchisch strukturierte, sondern

„polyzentrische“ Gesellschaften, „ohne Zentrum und Spitze“. Es gibt keine (konkurrenzfreie) Repräsentation der *Einheit der Gesellschaft* mehr und *keine zentrale Steuerung,* nur noch die Vielfalt systemspezifischer Perspektiven und Bearbeitungsformen.

Das bedeutet nicht nur, dass der traditionelle, für hierarchisch strukturierte Gesellschaften typische Legitimationsmodus staatlicher Herrschaft als „Repräsentation des Gemeinwohls“ überholt ist. Es bedeutet auch, dass der hohe traditionelle Anspruch an die politische Steuerungsfähigkeit gesellschaftlicher Entwicklung völlig überzogen ist. Alle Versuche, umfassendere gesellschaftliche Transformationsprozesse in Gang zu setzen, brechen sich an der Selbstreferenzialität gesellschaftlicher Teilsysteme. Wie andere gesellschaftliche Teilsysteme auch, orientiert sich Politik an ihrer Binnenlogik, an der „Sprache der Macht“ (öffentliche Meinung, Wahlen, Ämterbesetzung, Machtverflechtungen etc.). Daraus ergibt sich als dominanter Politikmodus ein kurzatmiges *muddling through* (Durchwursteln), ein an akuten Problemen orientiertes Krisenmanagement. Was eine an Zielen nachhaltiger Entwicklung orientierte Politik betrifft, so blockieren rasch wechselnde Akteurskoalitionen, Medienorientierung, bürokratische Ressortegoismen, Einbindung in *multilevel governance,* Abhängigkeit vom Wirtschaftswachstum und von einflussreichen Interessenverbänden jede integrative, an langfristigen Zielen orientierte Nachhaltigkeitspolitik.

Das regulationstheoretische Transformationsmodell

Aus der theoretisch wie politisch eher gegensätzlichen regulationstheoretischen Transformationsperspektive ergeben sich allerdings kaum optimistischere Schlussfolgerungen in Bezug auf die Möglichkeiten, durch politische Steuerung den Umbruch hin zu „öko-fairen“ Wirtschafts- und Lebensweisen vorantreiben zu können.

Ausgangspunkt der Regulationstheorie wie aller neomarxistischen Gesellschaftsanalysen ist die kapitalistische Akkumulationsdynamik, die als die dominante Logik moderner gesellschaftlicher Entwicklung gesehen wird. In hoch industrialisierten kapitalistischen Gesellschaften stellt der Markt nicht nur den zentralen Vergesellschaftungsmechanismus dar; die Grenzenlosigkeit der Kapitalverwertung führt auch zu immer neuen „Landnahmen“ und zu einer kontinuierlichen Beschleunigung von Arbeit und Leben (Dörre et al. 2009). Damit wird ein sich ständig veränderndes, immer weiter ausgreifendes, globales Gefüge von Kapitalinteressen, Herrschaftsverhältnissen und Ungleichheiten – aber auch an Konfliktpotenzialen und Gegenbewegungen geschaffen.

Anders als klassisch marxistische Ansätze richtet der regulationstheoretische Ansatz sein Augenmerk nicht mehr vorrangig auf die Krisendynamiken des Produktionsprozesses, sondern auf das Verhältnis von Produktion und Konsum, von wirtschaftlichen Akkumulationsdynamiken und politisch-kulturellen Ordnungsformen (Hirsch/Roth 1986). Die historische Entwicklung der Moderne wird so als zyklische Abfolge von Gesellschaftsmodellen interpretiert, in denen sich die jeweiligen „*Akkumulationsregime*" als Ergebnis gesellschaftlicher Auseinandersetzungen mit bestimmten institutionellen „*Regulierungsweisen*" (gesellschaftliche und staatliche Organisationsformen, Werte, Ideologien) zu einem vorübergehend stabilen Ordnungszusammenhang verknüpfen. Die am intensivsten beschriebene Gesellschaftsformation ist das auf Massenproduktion, Massenkonsum und sozialstaatliche Arrangements gestützte „*fordistische*" Gesellschaftsmodell der Vor- und Nachkriegsjahrzehnte. Die ökologische Krise wird als Folge dieses Gesellschaftsmodells gesehen. Dieses gerät, so die gängige These, seit den 1970er Jahren in die Krise und wird durch das neoliberale, finanzkapitalistisch geprägte „*postfordistische*" Modell ersetzt. Während in manchen marxistischen Ansätzen die globale ökologische Krise, im Unterschied zu den periodisch wiederkehrenden sozialen Krisen, als endgültige „Grenze" des Kapitalismus gedeutet wird (z. B. Altvater 2005), sieht der regulationstheoretische Ansatz durchaus die Möglichkeit der ökologischen „Modernisierung der Naturbeherrschung" mithilfe der ökonomischen „Inwertsetzung" der Natur (Görg 2003, Brand/Görg 2003). Das ändert allerdings nichts an der Grenzenlosigkeit der Logik der Kapitalverwertung und den damit immer wieder neu geschaffenen Ausbeutungs- und Herrschaftsverhältnissen. Die Hoffnung, *green growth* könnte eine auch sozial nachhaltige Gesellschaft hervorbringen, sei so reine Illusion.

Insgesamt verweist die Regulationstheorie zwar auf den hohen Stellenwert gesellschaftlicher Auseinandersetzungen für die Herausbildung gesellschaftlich akzeptierter Regulationsmodelle. Sie widerspricht gleichwohl dem in ZD I und II unterstellten Primat der Politik, der Annahme, die neoliberal entfesselte kapitalistische Ökonomie lasse sich institutionell beliebig einhegen und in eine ganzheitliche, „öko-faire" Ökonomie transformieren. Weiter reichende Programme der politischen Regulierung kapitalistischer Akkumulationsdynamiken brechen sich vielmehr an der Macht ökonomischer Interessen, an systemischen

Abhängigkeiten und unerwünschten Nebenfolgen kapitalismus- und wachstumskritischer Politiken (massive Arbeitslosigkeit und Armut, Wegfall staatlicher Einkommensquellen etc.).

Auch wenn die gesellschaftlichen Entwicklungsdynamiken in neomarxistischen Ansätzen vermutlich zu eindimensional aus dem Prinzip der Kapitalakkumulation erklärt und die Möglichkeiten ihrer institutionellen Regulierung deshalb auch zu gering veranschlagt werden, so machen sie doch deutlich, dass diesem Prinzip eine gesellschaftlich dominante Kraft zukommt. Die kapitalistische Ökonomie ist nicht nur ein effizienter Marktmechanismus, sondern auch ein krisenhafter, auf immer neue „Landnahmen“ bedachter Akkumulationsmechanismus, der sich in alle Lebensverhältnisse eingräbt und hochgradig komplexe Systemabhängigkeiten schafft. Ob die in den Studien ZD I und II propagierte Regionalisierung der Ökonomie, die Aufwertung der „Subsistenzwirtschaft“ und „suffizienter“ Lebensstile diese Abhängigkeiten entscheidend lockern und die erwartbaren Nebenfolgen entschärfen können (so z. B. Paech 2012), erscheint sehr fraglich.

Resümee

Mit all dem soll weder das hohe Anregungspotenzial der beiden ZD-Studien für die gesellschaftliche Debatte noch die hohe Attraktivität ihrer Leitbilder für die breite Szene sozial-ökologisch engagierter Akteure und postmateriell orientierter Milieus bestritten werden. Die Autoren dieser Studien sitzen aber einer Illusion auf, wenn sie davon ausgehen, dass das Leitbild der „Suffizienz“ große Teile der Gesellschaft mobilisieren könne. Und sie täuschen sich ebenso, wenn sie meinen, *die* Politik könne die entscheidenden institutionellen Weichenstellungen für den geforderten Zivilisationswandel hin zu einer „öko-fairen“ Weltordnung vornehmen, *wenn sie nur wollte* und ihren „Gemeinwohlverpflichtungen“ nachkäme. Natürlich lassen sich gesellschaftliche Entwicklungen in einzelnen Teilbereichen durch politische Rahmensetzungen steuern (z. B. durch das EEG), wenn auch selten ohne paradoxe Nebeneffekte. Die zielgerichtete politische Gestaltung eines globalen „Zivilisationswandels“, die Schaffung global „öko-fairer“ Verhältnisse, liegt aber jenseits aller Machbarkeit. Dafür sind die Abhängigkeiten von den Eigenlogiken gesellschaftlich ausdifferenzierter Teilsysteme viel zu hoch, die Entwicklung konkurrierender Problem- und Krisenlagen viel zu unübersichtlich, die Binnendynamiken des Weltmarkts und die Machtinteressen politischer Eliten viel zu dominant, die kulturellen Visionen viel zu heterogen und weder das Eintreten katastrophischer Ereignisse noch die von ihrer medialen Inszenierung ausgelösten Dynamiken kontrollierbar. Das gilt bereits auf nationaler, geschweige denn auf internationaler Ebene.

Die sozial-ökologische Transformation moderner Gesellschaften lässt sich so nicht als linearer, kumulativer, in ihrer Gesamtheit politisch rational gestaltbarer Prozess begreifen. Sie weist vielmehr eine in vielerlei Hinsicht chaotische Entwicklungsdynamik auf. Nachhaltigkeitstransformationen sind ein hochgradig umstrittener Prozess, der auf jeder neuen Stufe unerwartete, paradoxe Folgen zeitigt, von immer neuen Problemlagen und Katastrophen begleitet wird und zu einer kontinuierlichen Verschiebung der Kräfte- und „Definitionsverhältnisse" führt (Beck 2008). Dass sich in diesen Auseinandersetzungen und Bemühungen um Problemlösungen tatsächlich ein neues, global umweltverträgliches Modell gesellschaftlicher Naturverhältnisse herausbildet, ist keineswegs sicher. Noch unwahrscheinlicher ist allerdings, dass dieses neue sozial-ökologische Regime bereits per se einen „öko-fairen" Charakter aufweist. Macht, Herrschaft und Ungleichheit sind die ständigen Begleiter gesellschaftlichen Lebens. Sozial gerechtere Verhältnisse, zumindest akzeptable Formen gesellschaftlicher Ungleichheit, müssen zu allen Zeiten – auch in einem zukünftigen solaren Zeitalter – immer erst erkämpft werden, und sie lassen sich immer nur vorübergehend in einer prekären Balance von Machtverhältnissen, kulturellen Lebensentwürfen und politischen Ordnungsmodellen stabilisieren.

Literatur

Adler, F.; Schachtschneider, U. (2010): Green New Deal, Suffizienz oder Ökosozialismus. Konzepte für gesellschaftliche Wege aus der Krise, München.

Altvater, E. (2005): Das Ende des Kapitalismus, wie wir ihn kennen. Eine radikale Kapitalismuskritik, Münster.

Beck, U. (2008): Weltrisikogesellschaft. Auf der Suche nach der verlorenen Sicherheit. Frankfurt a. M.

Beck, U. / Beck-Gernsheim, E. (Hg.) (1994): Riskante Freiheiten. Individualisierung in modernen Gesellschaften, Frankfurt a. M.

BMU (Bundesministerium für Umwelt) (Hg.) (2009): Umweltbewusstsein und Umweltverhalten der sozialen Milieus in Deutschland, Berlin.

Bourdieu, P. (1982): Die feinen Unterschiede: Kritik der gesellschaftlichen Urteilskraft, Frankfurt a. M.

Brand, K.-W. (2008): Konsum im Kontext. Der „verantwortliche Konsument“ - ein Motor nachhaltigen Konsums? In: Lange, H. (Hg.), Nachhaltigkeit als radikaler Wandel. Die Quadratur des Kreises?, Wiesbaden.

Brand, K.-W. (2014): Umweltsoziologie. Entwicklungslinien, Basiskonzepte und Erklärungsmodelle, Weinheim/Basel.

Brand, K.-W. / Büsser, D. / Rucht, D. (1986): Aufbruch in eine andere Gesellschaft. Neue soziale Bewegungen in der Bundesrepublik, Frankfurt / New York.

Brand, U. / Görg, C. (2003). Postfordistische Naturverhältnisse. Konflikte um genetische Ressourcen und die Internationalisierung des Staats, Münster.

BUND; MISEREOR (Hg.) (1996): Zukunftsfähiges Deutschland. Ein Beitrag zu einer global nachhaltigen Entwicklung. Studie des Wuppertal Instituts für Klima, Umwelt, Energie Basel et al.

BUND / Brot für die Welt; Evangelischer Entwicklungsdienst (Hg.) (2008): Zukunftsfähiges Deutschland in einer globalisierten Welt. Eine Studie des Wuppertal Instituts für Klima, Umwelt, Energie, Frankfurt a. M.

Dörre, K. / Lessenich, S. / Rosa, H. (Hg.) (2009): Soziologie, Kapitalismus, Kritik. Eine Debatte, Frankfurt a. M.

Empacher, C. / Hayn, D. (2005): Ernährungsstile und Nachhaltigkeit im Alltag. In: Brunner, K.-M. / Schönberger, G. U. (Hg.), Nachhaltigkeit und Ernährung, Frankfurt / New York.

Fücks, R. (2013): Intelligent wachsen. Die grüne Revolution, München.

Görg, C. (2003): Regulation der Naturverhältnisse. Zu einer kritischen Theorie der ökologischen Krise, Münster.

Götz, K. (2012): Nachhaltige Mobilität. In: Groß, M. (Hg.), Handbuch Umweltsoziologie, Wiesbaden.

Groh, R. / Groh, D. (1991): Weltbild und Naturaneignung. Zur Kulturgeschichte der Natur, Frankfurt a. M.

Hays, S. P. (1958): Conservation and the Gospel of Efficiency: The Progressive Conservation Movement, 1890–1920, Cambridge, Mass.

Hirsch, J. / Roth, R. (1986): Das neue Gesicht des Kapitalismus. Vom Fordismus zum Post Fordismus, Hamburg.

Hradil, S. (1987): Sozialstrukturanalyse in einer fortgeschrittenen Gesellschaft. Von Klassen und Schichten zu Lagen und Milieus, Opladen.

Inglehart, R. (1995): Kultureller Umbruch: Wertwandel in der westlichen Welt, Frankfurt / New York.

Keller, R. (2004): Diskursforschung. Eine Einführung für SozialwissenschaftlerInnen, Wiesbaden.

Kleinhückelkotten, S. (2005): Suffizienz und Lebensstile. Ansätze für eine milieuorientierte Nachhaltigkeitskommunikation, Berlin.

Krabbe, W. R. (1974): Gesellschaftsveränderung durch Lebensreform, Göttingen.

Lantermann, E.-D. / Reusswig, F. / Schuster, K. / Schwarzkopf, J. (2003): Lebensstile und Naturschutz. In: Erdmann, K.-H. / Schell, C. (Hg.), Zukunftsfaktor Natur – Blickpunkt Mensch, Bonn.

Linse, U. (1986): Ökopax und Anarchie. Eine Geschichte der ökologischen Bewegungen in Deutschland, München.

Luhmann, N. (1984): Soziale Systeme. Grundriss einer allgemeinen Theorie, Frankfurt a. M.

Luhmann, N. (1997): Die Gesellschaft der Gesellschaft. 2 Bände, Frankfurt a. M.

Macnaghten, P. / Urry, J. (1998): Contested Natures, London.

Mol, A. P. / Sonnenfeld, D. A. / Spaargaren, G. (2009): The Ecological Modernisation Reader. Environmental Reform in Theory and Practice, London.

Nash, R. (1967): Wilderness and the American Mind, New Haven / London.

Paech, N. (2012): Befreiung vom Überfluss. Auf dem Weg in die Postwachstumsökonomie, München.

Rink, D. (Hg.) (2002): Lebensstile und Nachhaltigkeit. Konzepte, Befunde und Potentiale, Opladen.

Sachs, W. (1993): Die vier E's: Merkposten für einen maßvollen Wirtschaftsstil. In: Politische Ökologie 11 (33), München.

Schama, S. (1996): Der Traum von der Wildnis. Natur als Imagination, München.

Schneidewind, U. / Zahrnt, A. (2013): Damit gutes Leben einfacher wird. Perspektiven einer Suffizienzpolitik, München.

Shove, E. (2003): Comfort, cleanliness and convenience. The social organisation of normality, London.

Stehr, N. (2007): Die Moralisierung der Märkte, Frankfurt a. M.

Thompson, M. / Ellis, R. / Wildavsky, A. (1990): Cultural Theory, Boulder.

Wiswede, G. (2000): Konsumsoziologie – Eine vergessene Disziplin. In: Rosenkranz, D. / Schneider, N. (Hg.), Konsum. Soziologische, ökonomische und psychologische Perspektiven, Opladen.

Jörg Hübner

„Nachhaltige Entwicklung" war gestern, „Transformation" ist heute!

„Unsichere Zeiten" – das war der Titel eines der letzten Soziologen-Jahreskongresse (Unsichere Zeiten, 2010). Dieser Kongress der international rührigen Soziologen ist immer noch ein Zeichen für einen Trend, der aktuell „in" ist. „Unsichere Zeiten" – dieses Gefühl prägt demnach also unsere Gesellschaft.

Ja natürlich: Menschen haben noch nie in sicheren Zeiten gelebt. Zunehmende oder abnehmende Sicherheit gehört zu den Grundsignaturen menschlichen Lebens. Es ist eine Allerweltweisheit: Persönlich wie kollektiv haben wir uns mit Veränderungsprozessen im Leben „herumzuschlagen". Als „resilient" ist derjenige zu bezeichnen, der trotz dieser Veränderungen seinen Status bewahren kann und widerstandsfähig wird.

Eines jedoch ist auffällig: Der Begriff der „Resilienz" ist heute zu einer Charaktereigenschaft eines Menschen in der Moderne geworden (Stratmann 2013), während er noch vor zehn Jahren lediglich Kindern zugedacht wurde, die in Krisen- und Katastrophenzeiten traumatische Erfahrungen überlebt und überstanden haben. Das große Thema unserer Zeit ist, dass wir immer näher am Rand der Klippe stehen. Nicht nur, was den Klimawandel angeht, sondern auch im Hinblick auf die globale Wirtschaft, die zukünftige Ernährungssicherheit, die Wasserversorgung, die zunehmende Verstädterung sowie die immer noch weiter wachsende Weltbevölkerung und die digitale Sicherheit stehen uns ungeahnte Herausforderungen bevor. Das gegenwärtige Zeitalter ist ein Zeitalter der ungeheuren Schwankungen, Verwerfungen, Katastrophen und Schocks. Alle sind schwer vorherzusehen und haben dennoch härteste Folgen. In solchen Zeiten, so signalisiert diese neue Begrifflichkeit, kann nur überleben, wer über Resilienz verfügt.

Daher ist es nicht verwunderlich, dass der zum Eingang erwähnte Kongress den vollständigen Titel trägt „Unsichere Zeiten. Herausforderungen gesellschaftlicher Transformationen" (Unsichere Zeiten 2010). „Transformation" – das ist das entscheidende Stichwort für eine Welt geworden, die sich in Wendezeiten befindet. Von der „Energiewende" ist spätestens seit dem japanischen Atomkraftwerksunfall die

Rede. Der schon einsetzende Klimawandel erfordert eine Abkehr von der verbrauchenden fossilen Energieversorgung. In der Landwirtschaft wird von der „Agrarwende" gesprochen: Neben den nachwachsenden Rohstoffen geht es um eine Kultur, die den regionalen Anbau fördert. Wo wir auch hinschauen: Wenden werden eingeleitet oder aber rhetorisch beschworen. Kurz: Wir leben in Zeiten komplexer Transformationsprozesse auf den Weg hin zu einer postkarbonen, nachfossilen Gesellschaft.

I Eine neue Begrifflichkeit: Transformation

In den 1990er Jahren ging es um eine nachhaltige Entwicklung der Gesellschaft. Nachhaltige *Entwicklung* bedeutete, dass die Menschheit noch genügend Zeit hatte, den Wandel einzuleiten, eben mit dem Ziel der Entwicklung. Seit einigen Jahren jedoch zeichnet sich auch in der Begrifflichkeit ein Wandel ab: Es ist zunehmend von „Transformationen" oder von der „Großen Transformation" (WBGU 2011) die Rede, wenn es um Nachhaltigkeit, Klimawandel und den Übergang in ein postkarbones Zeitalter geht. „Transformationen" – darin drückt sich die Ernsthaftigkeit der Herausforderung dafür, aber auch die geringer werdende Zeit, den nötigen Wandel einzuleiten, aus. Mit dem Stichwort „Transformation" verbindet sich im Wesentlichen die Vorstellung: Die Zeit drängt, der verbleibende Zeitraum für notwendige Veränderungen wird zunehmend geringer.

Hier seien drei Beispiele der jüngsten Vergangenheit genannt, die diese veränderte Diskussionsgrundlage verdeutlichen:

Erstens:
Der Wissenschaftliche Beirat der Bundesregierung Globale Umweltveränderungen (WBGU), ein bedeutsames nationales Beratungsgremium in Potsdam, hat das letzte Hauptgutachten betitelt mit „Welt im Wandel. Gesellschaftsvertrag für eine Große Transformation".

Schon im Vorwort des genannten Gutachtens heißt es:

> „Bereits seit geraumer Zeit befindet sich das fossile ökonomische System international im Umbruch. Dieser Strukturwandel wird vom WBGU als Beginn einer ‚Großen Transformation' zur nachhaltigen Gesellschaft verstanden, die innerhalb der planetarischen Leitplanken der Nachhaltigkeit verlaufen muss. [...] Es ist jetzt eine vordringliche Aufgabe, die Blockade einer solchen Transformation zu beenden und den Übergang zu beschleunigen" (WBGU 2011, 1).

Zwei Dinge fallen schon an diesem Eingangszitat auf: Sowohl der Zeitfaktor als auch die Eingriffstiefe des anstehenden Strukturwandels sind von großer Bedeutung. Gerade deswegen spricht das Hauptgutachten von der „Großen Transformation“. Innerhalb der Weltgeschichte habe es bisher zwei fundamentale Wandlungsprozesse gegeben: In der Neolithischen Revolution zwischen 10 000 und 5 000 v. Chr. erlernte die Menschheit in verschiedenen Erdteilen unabhängig voneinander die Vieh- und Ackerwirtschaft sowie die Vorratshaltung. Damit wurden die Grundlagen für die Sesshaftigkeit gelegt. Im 19. Jahrhundert, der zweiten Wende, gelang es dem Menschen, gespeicherte Energie in der Form von Kohle oder Torf zu aktivieren und damit menschliche bzw. tierische Muskelkraft zu ersetzen. Die Kohle setzte z. B. Dampfmaschinen, Schiffe und Eisenbahnen in Bewegung. Diese Erfindungen revolutionierten die Wirtschaft. Eine umfassende Verwandlung der Welt war das Ergebnis dieser zweiten Transformation.

Gegenwärtig, so das Hauptgutachten des WBGU, stehen wir erneut vor einer Transformation, nämlich vor der Transformation zur klimaverträglichen Gesellschaft. Auch hier sind wieder tiefgreifende kulturelle Veränderungen zu bewältigen. Konkret heißt es dort:

> „Ob eine klimaverträgliche Gesellschaft entstehen kann, entscheidet sich also vor allem in diesen drei Transformationsfeldern: Trendumkehr in den Energiesystemen; klimaverträgliche Gestaltung der sich beschleunigenden Urbanisierung; klimaverträgliche Landnutzung“ (WBGU 2011, 3).

Diese radikale Trendumkehr wird, so die weiteren Ausführungen, von einem umfassenden gesellschaftlichen Wandel begleitet werden: Es geht um ein neues Niveau globaler Kooperation, um Fragen internationaler Fairness und um ein neues Verhältnis zwischen Mensch und Natur:

> „Die Transformation zur klimaverträglichen Gesellschaft ist also nicht nur ein ökonomischer und technologischer Prozess, vielmehr bedarf es auch einer normativen Neuorientierung und kultureller Lernprozesse in unseren Gesellschaften“ (WBGU 2013, 341).

Die Eingriffstiefe der gegenwärtig stattfindenden Transformation ist also radikal: Sie ist nicht ohne langfristiges Denken, nicht ohne eine Abkehr vom Wachstumsdenken und nicht ohne eine neue globale Kooperationskultur zu realisieren.

Das Hauptgutachten des WBGU stieß z. T. auf lebhaftes Echo und hat erhebliche Diskussionen innerhalb der Unternehmenswelt, der

Wissenschaft und der Zivilgesellschaft angestoßen. Natürlich lässt sich schon bei dieser ersten oberflächlichen Betrachtung fragen: Geht es wirklich um DIE Transformation? Ist es denn so, dass der radikale Umbau der Wirtschaftsgesellschaft, der offenbar notwendig ist, primär ein technisches Problem darstellt, dem gesellschaftliche Verständigungsprozesse lediglich begleitend zu dienen haben?

Zweitens:
Harald Welzer, einer der führenden Sozialpsychologen unserer Zeit, hat jüngst ein Buch mit dem Titel „Selbst denken. Eine Anleitung zum Widerstand" veröffentlicht. Mit überraschenden Einsichten stellt er den Lesern vor Augen, wie sehr der Kapitalismus sich gegenwärtig in einem Selbstauflösungsprozess befindet. Im programmatischen Abschnitt seines Buches heißt es:

> „Es muss etwas gegen das Bestehende gesetzt werden, als Gegenmodell, Vorbild, Vorschlag, Labor. [...] Was ist Ihre Rolle dabei? Stellen Sie sich einfach vor, wie Sie dereinst die Frage beantworten wollen, wer Sie gewesen sind und welchen Beitrag Sie entweder zur Zerstörung oder zur Sicherung der Zukunft geleistet haben. Stellen Sie sich selbst im Tempus Futur zwei vor: Wer werde ich gewesen sein? [...] Selbst denken. Die Transformation von der expansiven zur reduktiven Kultur ist die Transformation von einer einfachen zur intelligenten Kultur: von der Addition zur Kombinatorik, von Wachstum zur Kultivierung, vom Aufbau zum Ausbau. Von Passivität zu Aktivität. Vom Dulden zum Widerstehen. Vom Dienen zum Genießen. Zum sich selbst wieder Ernst-Nehmen" (Welzer 2013, 133).

Hier verstärkt sich ein Impuls, der schon im Hauptgutachten des WBGU zu spüren war: Die Transformation der Gegenwart im Angesicht des Klimawandels ist eine „Transformation vom Wachstum zur Kultivierung". Die überkommene Debatte zum Gutachten des Club of Rome findet sich hier in einem neuen Gewand wieder: Wie sieht eine neue Kultur, eine zukunftsfähige Kultur des guten Lebens aus? Welche Rolle kommt hier den Vorstellungen eines Wachstums zu? Wer lebt die neue Kultur des guten Lebens? Von wem gehen die entscheidenden Anstöße aus?

Drittens:
Wer lebt die Idee des guten Lebens? Evangelische Einrichtungen wie „Brot für die Welt" oder das Sozialwissenschaftliche Institut der EKD haben in Zusammenarbeit mit dem Deutschen Naturschutzring sowie den Gewerkschaften im Juni 2012 einen „Transformationskongress"

durchgeführt (Transformationskongress 2012). Schon die Zusammenstellung der Akteure ist signifikant: Unternehmen, Banken, Wirtschaftsverbände und Institute bleiben unberücksichtigt. In einer der Eröffnungsreden heißt es:

> „Die Zusammenarbeit von Gewerkschaften, evangelischer Kirche und Umwelt- und Naturschutzbewegung ist ein gewichtiger Schritt voran. Der Transformationskongress ist ein ermutigendes Signal, dass wir die Zukunft nicht den Banken überlassen. Der Transformationskongress soll ein Kongress der Aufklärung und der Hoffnung sein“ (Müller 2012, 15).

Das Stichwort „Nachhaltigkeit“ dürfe kein Plastikwort sein, sondern müsse die alltäglichen Entscheidungen bestimmen. Mehr noch: Nachhaltigkeit ist identisch damit, Entscheidungen zu treffen! Das also ist die Stoßrichtung: Transformation hat es mit der Ernsthaftigkeit einer neuartigen Lebensweise zu tun, die sich nicht mehr dem Diktat des Wachstums unterwirft. Das Festhalten am Wachstumszwang führt in eine tiefe Sackgasse. Wörtlich heißt es dort:

> „Wir wollen eine verbürgte Nachhaltigkeit“ (Müller 2012, 15).

Der Transformationskongress in Berlin sollte der Auftakt zu einer Fülle von regionalen Konferenzen sein, die sich dieser Radikalität der gegenwärtigen Herausforderung stellen und unterschiedliche Nicht-Regierungs-Organisationen zusammenführen. Zu solch einer Gegenbewegung, die der Transformationskongress anregen wollte, ist es bisher nicht gekommen. Ist die gegenwärtige Transformation überhaupt als Gegenbewegung zu verstehen? Wer ist das „Wir“? Wer ist also der Träger der so genannten Transformation?

Es ist an diesen drei Beispielen zu spüren: Der Begriff „Transformation“ macht die Runde. Mit ihm verbindet sich die fundamentale Forderung nach einem neuen Leben, nach einer verbürgten Nachhaltigkeit, nach einer Abkehr von der Wachstumslogik, nach einem umfassenden Kulturwandel.

Dabei stellen sich drei wesentliche Fragen, denen ich in den folgenden Abschnitten meines Vortrages nachgehe.

Erstens: Wie können gesellschaftliche Transformationen überhaupt gelingen?

Zweitens: Wie ist in diesem Zusammenhang die Kategorie „Wachstum“ einzuordnen? Ist sie überhaupt noch sinnvoll einzuordnen?

Drittens: Wer ist Träger der Transformation?

II Wie kann eine gesellschaftliche Transformation gelingen?

Ohne jede Frage stehen wir alternativlos vor einem Übergang in ein postkarbones Zeitalter. Ohne jede Frage besteht ein gewaltiger Handlungsdruck, der zugleich noch in einem sehr überschaubaren Zeitfenster wahrgenommen wird. Kann dieser Übergang jedoch damit schon als „Die Große Transformation", die einen neuen globalen Gesellschaftsvertrag beinhaltet, bezeichnet werden? Insgesamt gesehen, vermittelt der Begriff „Die Große Transformation" einen rein technischen Vorgang, und genau darin liegt das Problem bzw. darin verlängern sich die Probleme der Gegenwart (Sachs 2013).

Die technischen Entwicklungen haben gerade in den letzten beiden Jahrzehnten gewaltige Fortschritte gemacht, so dass zwischen den Möglichkeiten, die direkt nach 1945 bestanden haben, und den heutigen Möglichkeiten geradezu Lichtjahre liegen. Die Fortschrittsgeschichte des 21. Jahrhunderts ist in einem herausragenden Maße eine Geschichte des technisch-naturwissenschaftlichen Fortschritts. Die Fortschritte in der Atomtechnologie wie in der Biotechnologie vermitteln der Menschheit eine derart große Wirkmächtigkeit, dass möglicherweise zu Recht von einem „Anthropozän" gesprochen werden kann. Mit dieser Bezeichnung für eine neue Phase der Erdgeschichte ist gemeint, dass die Menschheit zum alles bestimmenden Faktor sogar in geologischen Maßstab geworden ist.

Die damit verbundene Dominanz der technisch-naturwissenschaftlichen Errungenschaften ist allerdings nur in einem beschränkten Maße dazu geeignet, die Herausforderungen des Übergangs in ein postkarbones Zeitalter aufzunehmen. Mehr noch: Wird dieser Übergang als rein technisches Problem verstanden, so würden sich die bestehenden Verwerfungen noch verstärken.

Ein Beispiel mag dies verdeutlichen: Seit den 1990er Jahren, insbesondere dann jedoch nach 2005 werden die nachwachsenden Rohstoffe als Problemlösungsfaktor gehandelt. Bioenergie und Biokraftstoffe werden in einem gewaltigen Ausmaß durch Subventionen gefördert. Eine rein technische Lösung war gefunden worden und wurde in diesem Sinne auch in einem gewaltigen Maße ausgebaut. Eine nie versiegende klimaneutrale Energiequelle schien entdeckt worden zu sein. Warnungen, die Auswirkungen auf die Nahrungssicherheit befürchteten, wurden in den Wind geschlagen. Sie wurden erst wieder laut, als steuerrechtlich und technologisch eine Pfadfestlegung schon gegeben war. Zurück konnte und wollte keiner mehr den Weg gehen, wenn auch die negativen Folgen klar erkennbar waren. Die Mais-Monokulturen sind quasi das lebendige Denkmal dieser auf Technik reduzierten Kultur der „Großen Transformation“ (Mautz 2010).

Das Beispiel zeigt in aller Deutlichkeit auf, worin das Problem besteht: Der Übergang in eine postkarbone Gesellschaft, in eine „Low Carbon Society“ ist nicht als ein konfliktfreier und auf technologische Lösungen reduzierter Übergang in eine Solarutopie zu verstehen (Reusswig 2010). Vielmehr ist davon auszugehen, dass die Menschheit spätestens seit den Jahren 2006/2007 in einen neuen Klimadiskurs eingetreten ist. Es geht nicht mehr um die Leitfrage, ob einen anthropogenen Klimawandel gibt oder nicht, sondern es geht um die Frage, was von wem zu welchen Kosten und welchen Nachteilen getan werden muss, um diesen zu verhindern oder aber zu begrenzen. Insbesondere geht es darum abzuwägen, welche Wert- und Kostenentscheidungen welche Konflikte aufkommen lassen. Es gibt eben nicht DIE Transformation, sondern sehr komplexe Transformationsprozesse hin zu einer postkarbonen Gesellschaft. Dieser Weg ist ein sehr steiniger Weg, in dessen Verlauf es Gewinner und Verlierer geben wird, auf dem Machtverhältnisse neu geordnet werden und neue Formen des Aushandelns von Konsequenzen zu entwickeln sind. Diese sehr komplexen Transformationsprozesse hin zu einer postkarbonen Gesellschaft brauchen naturwissenschaftliche Erkenntnisse bzw. technische Fortschritte nur sekundär, an erster Stelle stehen vielmehr Formen der Interessenartikulation. Es geht damit um die Frage, wie eine Low Carbon Society aussieht, wer in ihr was herstellt und konsumiert, wie dies politisch reguliert und unterstützt wird und mit welchen Argumenten die sich abzeichnenden Produktions-, Konsumtions- und Regulationsmuster gerechtfertigt oder delegitimiert werden. Noch einmal: Dieser notwendige Übergang ist ein sehr konfliktreicher Weg. Ohne eine Teilhabe aller Menschen an diesem Prozess ist er nicht zu bewältigen.

Bevor es dazu kommt, bedarf es zugleich einer neuen Wahrnehmung der Natur. Erst diese Umorientierung setzt die notwendigen Kräfte frei, sich den Konflikten auszusetzen und diese auch mitsamt den sich daraus ergebenden Kompromissen auszuhalten.

Das also benötigt die sich gegenwärtig abzeichnende Transformation: Eine neue Wahrnehmung der Natur, eine sich daraus ergebende Motivation und vor allem eine Form der Teilhabe aller Menschen an diesem neuartigen Prozess des Aushandelns von Interessen. Es gibt nicht nur DIE Transformation, sondern eine Fülle von komplexen Transformationsprozessen. Diese sind schon längst in Gang, denn der

Weg in eine Low Carbon Society ist alternativlos und nicht ohne eine dritte Revolution des industriellen Zeitalters zu meistern.

III *Wachstum – ist dies noch eine sinnvolle Kategorie im postkarbonen Zeitalter?*

Eine kohlenstoffarme Gesellschaft in einem postkarbonen Zeitalter ist eine solche, die ihre bio-physischen Interaktionen so organisiert und gegenüber dem klassischen und gegenwärtigen industriellen Zeitalter so modifiziert, dass sich daraus kein gefährlicher Klimawandel ergibt.

Was heißt hier „gefährlich"?

Gefährlich wird der Klimawandel, der ja jetzt schon einsetzt, dann, wenn er mit unbezahlbar hohen Kosten oder mit einer Gefährdung des sozialen Gesamtgefüges verbunden ist bzw. einen sich verstärkenden Kreislauf der Erwärmung in Gang setzt, der kaum mehr zu bremsen ist.

Erstens sind nach den vorliegenden Untersuchungen die Kosten zur Bewältigung des Klimawandels dann besonders hoch, wenn nicht bald ein kultureller Wandel einsetzt. N. Stern hat darauf überzeugend aufmerksam gemacht und dargelegt, dass wesentliche Anteile des Bruttosozialprodukts durch Maßnahmen zur Eindämmung der eintretenden Schäden eingesetzt werden müssen.

Zweitens gilt es zu befürchten, dass der Migrationsdruck bei einer zu starken Erwärmung der Atmosphäre massiv zunehmen wird. Das Stichwort „Klimamigranten" macht zunehmend die Runde. Die daraus sich ergebende Abschottung oder aber gesteuerte Einwanderungspolitik wird so oder so die sozialen Sicherungssysteme aller entwickelten Staaten massiv belasten. Nationalstaaten mit unsicherer Führung könnte der zunehmende Migrationsdruck an den Rand der Existenz bringen.

Drittens ist die Ernährungssicherheit einer Weltbevölkerung, die 2050 ihren Höhepunkt erreicht haben wird, unter den Vorzeichen des Klimawandels massiv gefährdet. Schon jetzt setzt der steigende Fleischkonsum in den Schwellenländern die Agrarindustrie so sehr unter Druck, dass Staaten wie China Landreserven in Ostafrika aufkaufen. Ein Imperialismus neuer Form macht sich breit. *Landgrabbing* wird dieses Phänomen der Postmoderne genannt. Unter einem sich verstärkenden Klimawandel wird sich diese Tendenz massiv verstärken und zu gewaltigen Konflikten führen.

Unter Berücksichtigung aller drei Faktoren spricht vieles dafür, das Zwei-Grad-Ziel nicht aufzugeben. Oberhalb dieser Zielmarke sind die ökonomischen, sozialen und politischen Kosten eines Klimawandels wohl kaum zu schultern und zu meistern. Ein globaler Konsens über diese Zielmarke zeichnet sich ab.

Drei Strategien besitzt die Menschheit, um dieses Ziel einigermaßen sinnvoll zu erreichen:

Die erste Strategie wird „Konsistenz“ genannt. Die Energiesysteme werden radikal von fossilen auf erneuerbare Energien umgestellt. Diese Strategie firmiert in Deutschland auch unter dem Stichwort „Energiewende“ und ist im Wesentlichen auch eine politische Zielvorgabe, damit die Anreizfaktoren innerhalb der Wirtschaftsgesellschaft so ausgerichtet sind, dass sie möglichst schnell zu einer flächendeckenden Umstellung der Energieversorgung führen.

Das Stichwort „Effizienz“ umschreibt die zweite Strategie. Damit ist gemeint, dass alle zur Verfügung stehenden Mittel zu nutzen sind, um eine praktisch klimaneutrale Verwendung von Ressourcen zu gewährleisten. In vielen Fällen wird in diesem Sinne der „ökologische Fußabdruck“ eines Produkts ermittelt. Mit dieser zweiten Strategie geht es insbesondere um innovative technologische Verfahren, die in vielen Fällen zum Teil schon bestehen, allerdings noch nicht ausgereizt werden.

Ralf Fücks, Vorsitzender der parteinahen Heinrich-Böll-Stiftung, macht sich zum Beispiel mit seiner These für ein hocheffektives grünes Wachstum stark. Er argumentiert so: Natürlich gebe es ökologische Grenzen des Wachstums. Jedoch dürften aus den roten Grenzen keine Grenzen der ökonomischen Wertschöpfung werden. Durch Kreativität könne die Menschheit die erkennbaren Knappheitskrisen überwinden. Er betont: „Auch der ‚Faktor Energie‘ ist nicht begrenzt. Das Kraftwerk Sonne ist eine nahezu unerschöpfliche Energiequelle. Dabei geht es nicht nur um die Gewinnung von Strom und Wärme aus Sonnenenergie, sondern um die Photosynthese, also um die Umwandlung von Sonnenlicht, Wasser und CO_2 in biochemische Energie als Basis einer ökologischen Produktionsweise“ (Fücks 2013, 34). Ralf Fücks hofft deswegen auf eine „groß angelegte Effizienzrevolution“ als Basis für eine klimaneutrale Lebensweise. Verändern müsse sich lediglich der Energieverbrauch; darunter leiden solle aber nicht die Freude an den Errungenschaften des Lebens, wozu er explizit Komfort, Mobilität, Mode, Technik und Kommunikation rechnet. Ein Rückschritt in diesen Sektoren würde sich mit dem Freiheitsgewinn der Menschheit in der Moderne nicht zur Deckung bringen lassen.

Die bewusste Einschränkung des Wachstums schließt Ralf Fücks aus und argumentiert insbesondere mit den rasanten Entwicklungen in den Schwellenländern, die sich nicht anders als mit einer innovativen grünen Technologie bewältigen ließen.

Anders sehen dies allerdings Entwürfe, die sich für eine Strategie unter dem Stichwort „Suffizienz" aussprechen. Darunter wird eine Minderung der absoluten Höhe der Energie- und Ressourcennachfrage verstanden, die natürlich auch massive Veränderungen in allen Fragen des Lebensstils erforderlich macht. Wachsende Suffizienz der modernen Gesellschaften lässt sich also nur eine durch eine umfassende Mentalitäts- und Verhaltensveränderung realisieren.

Uwe Schneidewind, Präsident des Wuppertal-Instituts, und Angelika Zahrnt, Ehrenvorsitzende des BUND, argumentieren zum Beispiel so (Schneidewind/Zahrnt 2013): Ökologische Effizienz werde im Alltag in die Leere laufen, weil die klimaförderlichen Gewinne im Ressourcenverbrauch sofort durch einen Mehrverbrauch aufgesogen werden. Derjenige, der die kostenintensivere grüne Technologie nutze, habe kein schlechtes Gewissen mehr, die neue Errungenschaft der zukunftsweisenden Technik umfassender zu verwenden. „Rebound-Effekt" wird gemeinhin dieser Mechanismus genannt. Uwe Schneidewind und Angelika Zahrnt: „Suffizienz schafft Wohlstand mit weniger Natur- und Materialverbrauch." Bei der Suche nach in Politik übersetzbaren Maßnahmen im Sinne einer Suffizienzstrategie verweisen beide Vertreter einer radikal grünen Politik auf vier Dimensionen der Suffizienz, die Wolfgang Sachs schon in den 1990er Jahren entwickelt hat: Suffizienz ereignet sich in der Zeit. Entschleunigung habe sich durchzusetzen. Zweitens bedeute Suffizienz Entflechtung im Sinne eines Näher und Übersichtlicher. Drittens realisiere sich Suffizienz, bezogen auf die Dinge, in der Form von Entrümpelung, also im Weniger sowie in der Vereinfachung des Lebens. Schließlich komme Suffizienz nicht ohne Entkommerzialisierung, also nicht ohne eine Beschränkung der unterstellten blinden Marktmechanismen aus. Diese vier „E"s sind für Uwe Schneidewind und Angelika Zahrnt nach wie vor bedeutsame Anhaltspunkte für eine Veränderung des eigenen Lebensstils, die letztlich ein Mehr an Freiheit zur Folge hat (ebd., 51ff.).

Insbesondere diese zuletzt genannte Strategie ist in der aktuellen Diskussion heftig umstritten. Während die Strategien „Konsistenz" und „Effizienz" dem technologisch ausgerichteten Lebensstil der Moderne entsprechen, führt die Strategie der Suffizienz zur Abkehr von den bisher kultivierten Pfaden der menschlichen Entwicklung. Drei überzeugende Argumente hat die Suffizienzstrategie jedoch für sich:

Erstens lässt sich das Argument des Rebound-Effektes nicht von der Hand weisen. Eine Fülle von Beispielen aus der Praxis belegt dies: Wer eine energiesparende Lampe besitzt, achtet nicht mehr so sehr auf die Zeit, in der diese Lampe brennt. Wer ein Auto benutzt, das über eine grüne Antriebstechnologie verfügt und deswegen weniger Kraftstoff verbraucht, muss auf seinen absoluten Kraftstoffeinsatz nicht mehr achten. Auf Grund dieses leicht nachvollziehbaren Rebound-Effektes, der letztlich so etwas wie ein Anti-Motivations-Effekt ist, tritt kein nennenswerter Wandel im Output ein. Muss es nicht deswegen doch zu einer absoluten Veränderung der üblichen Konsummuster, der Mobilitätsstrategien, der Wohnerfordernisse und des Technologieeinsatzes kommen?

Ein zweites Argument kommt gewichtig hinzu: Technologische Revolutionen, wie sie Ralf Fücks beschreibt, lassen sich nicht in kurzer Zeit realisieren, sondern bedürfen vieler Jahre intensiver Forschung und weiterer Jahre, bis die Produkte zur Marktreife gelangt sind. Hat die Menschheit aber wirklich noch so viele Jahre Zeit, um das Steuer des Ressourceneinsatzes herumzuwerfen?

Schließlich wiegt ein drittes Argument sehr schwer: Konkrete, erfolgreiche und zukunftsweisende Suffizienzstrategien lassen sich in den entwickelten Regionen genauso umsetzen wie in den Regionen, die nur langsam an der globalen Entwicklung Anteil haben. Anders als bei technologischen Innovationen, die leistungsfähige Industrien und ein ausgebautes Forschungssystem benötigen, sind Suffizienzinnovationen überall möglich.

Es spricht also vieles dafür, die sehr komplexen Transformationen, vor denen wir in der Zukunft bzw. in denen wir schon heute stehen, als eine notwendige Mischung aus Konsistenz, Effizienz und Suffizienz zu begreifen. Angesichts der Größe der Herausforderungen ist keiner Strategie allein, sondern nur in ihrer klugen Mischung der Erfolg zuzutrauen. Dies ist deutlich erkennbar: Diese kluge Mischung aus Effizienz, Konsistenz und Suffizienz, die regional in der Weltgemeinschaft durchaus unterschiedliche Schwerpunkte setzen kann, verfolgt ein vollkommen anderes Ziel als die Wachstumsstrategie, der in der Vergangenheit und auch noch in der Gegenwart alleine Lösungspotenzial zugestanden wurde.

Damit vertieft sich die Einsicht, dass der Übergang in eine Low Carbon Society keineswegs ein rein technologisch-ökonomisches Problem darstellt, sondern ohne eine politische und kulturelle Einbettung überhaupt nicht zu meistern ist. Das geforderte soziale Lernen geht weit über die in jedem Fall notwendigen technologischen Innovationen hinaus. Die Großbaustelle der näheren Zukunft besteht also in der konstruktiven Begleitung und Förderung eines hochkomplexen gesellschaftlichen Selbst-Transformations-Prozesses.

Damit gerät die dritte Fragestellung in den Blick: Wer ist der entscheidende Träger dieses komplexen Selbst-Transformations-Prozesses der modernen Gesellschaft? Auf wen wird insbesondere der Blickwinkel zu richten sein?

IV Die zukünftigen Träger der Transformationsprozesse

Es spricht aus den genannten Gründen m. E. alles für diese Einsicht: Der radikale soziale und kulturelle Wandel im Umgang mit den Ressourcen muss kommen, wenn sich die Weltgemeinschaft zukunftsfähig aufstellen will. Sehr komplexe Transformationsprozesse werden die modernen Gesellschaften in den nächsten Jahren einholen bzw. haben sie schon längst erfasst. Drei Akteure kommen in diesem Prozess des gesellschaftlichen Wandels besonders ins Spiel:

An erster Stelle ist hier die Zivilgesellschaft mit ihren starken Nicht-Regierungs-Organisationen zu nennen. Gerade in den städtischen Milieus ist schon jetzt eine sich vertiefende Bewegung für ein suffizientes Leben entstanden. Es gibt eine wachsende Zahl von Initiativen, Vereinen und Projekten, die nicht nur über das gute Leben diskutieren, sondern es auch leben wollen. Darin drückt sich aus: Die etablierten und überkommenen Institutionen sind zu schwerfällig, um einen sozialen Wandel einzuleiten. Ihnen wird keine innovative Zukunftsperspektive mehr zugetraut.

Ich nenne hier zur Illustration nur ein Beispiel: Die Transition-Towns-Bewegung (Binch/Lynch 2012). Diese Bewegung, die 2005 gegründet wurde, arbeitet daran, den Energieverbrauch in den Kommunen zu senken und Wirtschaft wie Nahrungsmittelversorgung lokal zu verorten. In diesen Kommunen kommen Bevölkerungsgruppen zusammen, um beispielsweise Gemeinschaftsgärten, Werkzeugbörsen und Abfallbörsen einzurichten. Es geht darum, Bürgerinnen und Bürger zu einer entschleunigten und entkommerzialisierten Kultur zu bewegen.

An zweiter Stelle sind die Unternehmen zu nennen. Sie sind mit der von ihnen gepflegten Wertekultur, mit ihren Produkten und Dienstleistungen, insbesondere jedoch mit ihrer Vernetzung in die Gesellschaft hinein entscheidende Akteure, wenn es um eine Umorientierung der Gesellschaft zum guten Leben geht. Der ökologische Umbau seit den 1980er Jahren ist – historisch gesehen – durch Pionierunternehmen vorangetrieben und stabilisiert worden. Es waren oft wenige, in vielen Fällen relativ unbedeutende kleine Unternehmer, die dank ihrer technischen Experimentierfreude Solar- und Windkraftanlagen in ihren Garten bauten und damit für Innovationen am Markt sorgten. Diese Unternehmen bewiesen, dass eine andere Energiezukunft möglich ist (Renner 2012).

An vielen Orten entstanden gerade in den letzten zehn Jahren Unternehmen, die das innovative und kreative Unternehmertum nicht nur auf den kommerziellen Bereich eingrenzen, sondern damit auch ökosoziale Ziele verfolgen. *Social Entrepreneurship* hat in den letzten Jahren erheblich an Bedeutung gewonnen. Mit ihren Produkten entstehen Lösungen für ein ökosoziales Problem. Zugleich verbinden sie mit dieser Zielorientierung ein ausgezeichnetes Verständnis für die Zielgruppen, Kreativität, Experimentierlust und Durchhaltevermögen. Dazu gehören zum Beispiel die „Elektrizitätswerke Schönau“. Dieses von wenigen Akteuren aufgebaute Unternehmen versteht sich nicht nur als Energieunternehmen, sondern auch als ein Akteur für eine Energiewende. Von solchen Unternehmen geht eine Umorientierung aus, die faktisch zu einer Wende am Markt für die Energieversorgung geführt hat. Die dominanten Energieunternehmen befinden sich zurzeit unter massivem Druck und müssen Personal abbauen; neue dezentrale Energieunternehmen beginnen den Markt zu beherrschen (Sukhdev 2012).

An dritter Stelle ist im Blick auf die anstehenden komplexen Transformationen der Wirtschaftsgesellschaft die Wissenschaft zu nennen (Schneidewind/Singer-Brodowski 2013). Wie unter der Einsicht eines Miteinanders von Effizienz, Konsistenz und Suffizienz eine kluge Mischung aussehen könnte, dazu können auch wissenschaftliche Beratungen einen wesentlichen Beitrag leisten. Wie lassen sich alternative Wohlstandsmaße statistisch valide etablieren? Wie lassen sich soziale Sicherungssysteme in einer zunehmend mehr suffizient geprägten Gesellschaft etablieren? Welche Anreizsysteme sind nötig und sinnvoll, um Suffizienz zu ermöglichen? Welche sozialen Mechanismen der Akzeptanz von erneuerbaren Energien lassen sich identifizieren? Wie entwickeln wir Gebäude der Zukunft so, dass sie aus Energiesenken zu Energiequellen werden und welches Nutzerverhalten benötigen wir dazu? Wie sieht eine klimafreundliche Stadt der Zukunft aus und welche Änderungen des städtischen Lebens bringen Anpassungsmaßnahmen mit sich? Wie verlernen wir die fossile Kultur? Welchen Grad an Partizipation müssen fortentwickelt werden, um den Wandel hin zu einer klimaneutralen Lebensweise zu bewältigen? In einer wachsenden Zahl sind Projekte innerhalb der Soziologie, der Politologie, der Biologie, der Ökonomie und der technischen Wissenschaften darauf ausgerichtet, vergleichbare Fragen zu bearbeiten. Ob dies alles schon ausreicht, bleibt fraglich. Auf jeden Fall ist die wissenschaftliche Beratungsfunktion im Blick auf innovative Techniken heute dringender denn je erforderlich.

Viertens sind hier die Bildungseinrichtungen zu nennen. Es zeigte sich ja, dass diese kluge Mischung aus Effizienz, Konsistenz und Suffizienz nur mit einem erheblichen Kulturwechsel zu organisieren ist. Wie verlassen wir die fossile Kultur? Wie und in welchem Maße erlernen wir eine klimafreundliche Kultur? Was heißt dabei „gutes Leben" für eine Region? Institutionen der Erwachsenenbildung haben hier einen wesentlichen mediativen Prozess des Kulturwandels zu übernehmen, ohne den sich die komplexen Transformationsprozesse nicht bewältigen lassen.

V. *Was bleibt noch als Aufgabe für Theologie und Kirche?*

Für den Kulturwandel, der aktuell zu bewältigen und der mehr als ein technisch-industrieller Transformationsprozess ist, sind religiöse Fundierungen sinnvoll, hilfreich und auch notwendig. Woher soll denn die Motivation, Suffizienz zu einer sinnvollen Strategie zu erklären, kommen? Konsistenz lässt sich allgemein verständlich machen, und Effizienz als Bewältigungsstrategie entspricht dem allgemeinen menschlichen Drang nach Ausdehnung und Bewältigung. Aber Suffizienz? Diese Strategie, ohne die sich, so meine These, der anstehende Kulturwandel nicht bewältigen lässt, widerspricht der natürlichen menschlichen Entwicklung. Wie lässt sich also die Motivation, suffizient zu leben, grundieren, vertiefen und steigern?

Die christlichen Gewissheiten, wie sie sich sowohl in der kirchlichen Praxis als auch in der theologischen Reflexion ausdrücken, sind hier eindeutig. Sie kreisen nämlich um die Frage nach dem guten Leben, und ein solches Leben kann nur ein Leben in Beziehungen sein.

Die Schöpfung ist kein vorgegebenes Material, sondern ein vernetztes Beziehungsgeflecht, in dem die Menschheit ein Element, allerdings ein herausragendes Element darstellt. Jedes ausschließlich instrumentale Umgehen mit der Schöpfung von Seiten des Menschen ist damit vom Grunde her ausgeschlossen. „Bebauen und bewahren“ – diese Zweipoligkeit gehört zum Urbestand christlicher Gewissheiten im Umgang mit der belebten Schöpfung. Sparsamkeit – diese Lebenshaltung, die ganz und gar mit der Zukunft rechnet, lässt sich damit in Zusammenhang bringen.

Die Bitte um das tägliche Brot steht dann in der Mitte des jesuanischen Gebetes. Zum guten Leben gehört das tägliche Brot, das Gott uns heute geben möge. Nicht die Fülle auf Vorrat und erst recht nicht auf Kosten der Anderen und Kommenden möge uns gegeben sein, sondern das „tägliche Brot gib uns heute“. Nicht das auf Dauer hin prolongierte Leben in Fülle steht im Fokus der jesuanischen Ethik, sondern das Leben in der Sorglosigkeit des Heute. Erfülltes Leben im Hier und Jetzt und nicht erst im Morgen, darum geht es in der christlichen Lebenspraxis. Entschleunigung – diese Lebenshaltung, nach der sich viele Zeitgenossen heute sehnen, lässt sich mit der jesuanischen Glaubenshaltung in Verbindung bringen.

Schließlich ist die christliche Gewissheit ausgerichtet auf die Gabe des göttlichen Geistes, der den Menschen aus seiner Beziehungslosigkeit herausreißt, der das Leben in Beziehung schlechthin ist und den Menschen neu machen, transformieren kann. Der Aufbruch in eine Welt voller Alternativen ist möglich, und diese Welt ist eine Welt in gelebten Beziehungen. So ist es nur konsequent, dass sich in der pfingstlichen Erzählung die Betroffenen in ihren jeweiligen Sprachen verstehen. Teilhabe aller Menschen an den gemachten Erfahrungen anderer und nicht das Begehren nach mehr – diese Lebenshaltung bestimmt christliche Gewissheiten und Formen der Lebensführung durch und durch. Wer in seinem Geist lebt, der setzt dem Geist des Begehrens den Geist der Teilhabe entgegen. Eine Kultur der Achtsamkeit – diese Lebenshaltung, die um das Geschenkte weiß, lässt sich mit dieser Bitte um den göttlichen Geist verbinden.

Sparsamkeit, Entschleunigung und eine Kultur der Achtsamkeit statt einer Kultur des Begehrens – das sind gewichtige Wurzeln, aus denen so etwas wie Suffizienz neben Effizienz und Konsistenz herauswachsen kann. Auf das Miteinander aller drei Strategien sind wir heute angewiesen. Natürlich: Bis es zu solch einem Kulturwandel kommt, muss noch einiges geschehen. Dass es jedoch möglich ist, dafür können wir werbend eintreten.

Literatur

Birch, E. L. / Lynch, A. (2012): Ist nachhaltige Stadtentwicklung messbar? In: Nachhaltig zu einem Wohlstand für alle. Rio 2012 und die Architektur einer weltweiten grünen Politik. Hg. vom Worldwatch Institute in Kooperation mit der Heinrich-Böll-Stiftung und Germanwatch, München, S. 127–137.

Fücks, R. (2013): Die grüne Revolution. Zwölf Thesen. In: Heinrich-Böll-Stiftung (Hg.), Bericht aus der Zukunft. Wie der grüne Wandel funktioniert, München, S. 32–35.

Mautz, R. (2010): Soziale Dynamik der Energiewende in der deutschen Stromversorgung: Weder Bruch noch Pfadkontinuität. In: Unsere Zeiten. Herausforderungen gesellschaftlicher Transformationen. Verhandlungen des 34. Kongresses der Deutschen Gesellschaft für Soziologie in Jena 2008. Hg. in deren Auftrag von Hans Georg Soeffner, Band 1, Wiesbaden, S. 411–423.

Müller, M. (2012): Die ökologischen Grenzen des Wachstums sind erreicht. In: Transformationskongress 2012: Nachhaltig handeln – Wirtschaft neu denken – Demokratie stärken, epd-Dokumentation Nr. 25, Frankfurt a. M., S. 14–15.

Polanyi, K. (2013): The Great Transformation. Politische und ökonomische Ursprünge von Gesellschaften und Wirtschaftssystemen. Übersetzt von H. Jelinek, 10. Auflage, Frankfurt a. M.

Renner, M. (2012): Green Economy – eine Antwort auf die Krise? In: Nachhaltig zu einem Wohlstand für alle. Rio 2012 und die Architektur einer weltweiten grünen Politik. Hg. vom Worldwatch Institute in Kooperation mit der Heinrich-Böll-Stiftung und Germanwatch, München, S. 32–54.

Reusswig, F. (2010): Low Carbon Society. Der Klimawandel als gesellschaftliche Herausforderung. In: Unsere Zeiten. Herausforderungen gesellschaftlicher Transformationen. Verhandlungen des 34. Kongresses der Deutschen Gesellschaft für Soziologie in Jena 2008. Hg. in deren Auftrag von Hans Georg Soeffner, Band 1, Wiesbaden, S. 425–437.

Sachs, W. (2013): Missdeuteter Vordenker. Karl Polanyi und seine „Great Transformation". In: Baustelle Zukunft. Die Große Transformation von Wirtschaft und Gesellschaft. Hg. von oekom e.V. – Verein für ökologische Kommunikation. Mitherausgegeben vom Wissenschaftlichen Beirat des BUND, München, S. 18–23.

Schneidewind, U. / Singer-Brodowski, Mandy (2013): Transformative Wissenschaft. Klimawandel im deutschen Wissenschafts- und Hochschulsystem, Marburg.

Schneidewind, U. / Zahrnt, A. (2013): Damit gutes Leben einfacher wird. Perspektiven einer Suffizienzpolitik, München.

Seidl, I. / Zahrnt, A. (2013): Neuer Wohlstand, neues Wohlergehen. Die Postwachstumsgesellschaft. In: Baustelle Zukunft. Die Große Transformation von Wirtschaft und Gesellschaft. Hg. von oekom e.V. – Verein für ökologische Kommunikation. Mitherausgegeben vom Wissenschaftlichen Beirat des BUND, München, S. 64–52.

Stratmann, B. (2013): Das Zauberwort heißt Resilienz. In: Baustelle Zukunft. Die Große Transformation von Wirtschaft und Gesellschaft. Hg. Von oekom e. V. – Verein für ökologische Kommunikation. Mitherausgegeben vom Wissenschaftlichen Beirat des BUND, München, S. 102–107.

Sukhdev, P. (2012): Corporation 2020. Warum wir Wirtschaft neu denken müssen, München.

Transformationskongress 2012: Nachhaltig handeln – Wirtschaft neu denken – Demokratie stärken, epd-Dokumentation Nr. 25, Frankfurt a. M.

Unsichere Zeiten (2010): Herausforderungen gesellschaftlicher Transformationen. Verhandlungen des 34. Kongresses der Deutschen Gesellschaft für Soziologie in Jena 2008. Hg. in deren Auftrag von Hans Georg Soeffner, Band 1, Wiesbaden.

Welzer, H. (2013): Selbst denken. Eine Anleitung zum Widerstand, Frankfurt a. M.

Welzer, H. (2013): „Vorhersagen lässt es sich nicht, aber es liegt so Einiges in der Luft". Von der expansiven zur reduktiven Moderne. In: Baustelle Zukunft. Die Große Transformation von Wirtschaft und Gesellschaft. Hg. von oekom e.V. – Verein für ökologische Kommunikation. Mitherausgegeben vom Wissenschaftlichen Beirat des BUND, München, S. 124–128.

Wissenschaftlicher Beirat der Bundesregierung Globale Umweltfragen (WBGU, 2011): Welt im Wandel. Gesellschaftsvertrag für eine Große Transformation, Berlin.

Harald Welzer

Über Wachstum und Hyperkonsum[1]

Als vor mehr als zweihundert Jahren die Nutzung fossiler Energien die erste industrielle Revolution einzuläuten und damit ungeheure Produktivitätsfortschritte zu ermöglichen begann, hatte die Weltkarte noch weit überwiegend weiße Flächen – Länder, die sich noch nicht in Industriegesellschaften verwandelt hatten, sondern vielmehr die gigantischen *storehouses of matter* (Isaac Newton), die scheinbar unerschöpflichen Rohstofflager für die Zivilisationsmaschine bildeten, die in England, Deutschland, Frankreich und Nordamerika angeworfen worden war und die sich durch einen prinzipiell unstillbaren Hunger nach Energie und Material auszeichnete. Tatsächlich beruht das Prinzip der Wachstumswirtschaft auf der Vorstellung, dass Ressourcen unendlich verfügbar sind. Diese Vorstellung speiste sich einerseits aus der beeindruckenden Steigerung der Produktivität, die unendliche Wachstumsmöglichkeiten an Mehrwert, Gütermengen, Wohlstand suggerierte und andererseits aus der tatsächlichen Verfügbarkeit eines kompletten Planeten für die Bedürfnisse eines kleinen Teils seiner Bewohner: Kein Mensch in der westlichen Hemisphäre konnte sich ernsthaft vorstellen, dass diese riesige Erde nicht genug Rohmaterial für die Veredelungstechniken eines kleinen Teils der Menschheit und nicht genug Deponien für ihren Abfall vorhalten könnte.

Die Sache wurde etwas brisanter, als man in den 1960er Jahren zu bemerken begann, dass selbst in dieser Größenrelation Umweltschäden anzurichten waren, die hinsichtlich ihrer Langfristwirkungen gar nicht so leicht zu korrigieren waren – da befand sich die frühindustrialisierte Welt schon in der steilen Kurve der Exponentialfunktion des allumfassenden Wachstums. Die erwachende Umweltbewegung in den Industrienationen ab den 1960er Jahren richtete sich zunächst gegen die unabsehbaren Folgen der chemischen Verschmutzung von Flüssen und Böden einerseits und die sichtbare Zerstörung von scheinbar unberührter Natur andererseits. Das Konkurrenzsystem, der stalinistische

---

[1] Dieser Text besteht aus Auszügen aus meinem Buch „Selbst denken. Eine Anleitung zum Widerstand“, das 2013 im S. Fischer-Verlag erschienen ist.

Ostblock, war in seinem Umgang mit den Naturressourcen noch weniger skrupellos als der Westen, zumal es dort nicht einmal das Moment der öffentlichen Kontrolle gab und man von vielen wirklich radikalen Zerstörungen allenfalls gerüchteweise hörte.[2]

Gerade die Systemkonkurrenz war aber ein Wachstumstreiber par excellence, mussten sich die beiden Systeme doch gegenseitig in ihren Leistungen übertreffen, um ihre historische Überlegenheit unter Beweis zu stellen. Gemessen an der Unendlichkeit der ansonsten noch verfügbaren Welt schien die industrielle Zerstörungswut gleichwohl keine irreversiblen Schäden anrichten zu können. Ein Gefühl dafür entstand erst durch Bilder vom „blauen Planeten", wie sie von Raumschiffen aus geschossen wurden: Sie zeigten die totale, unaufhebbare Begrenztheit des Lebensraums Erde an, ein verletzlicher Planet in der Weite des Raumes.

Aber die Ästhetik der Verletzlichkeit erwies sich als schwacher Gegner des konsumistischen Freiheitsbegriffs: Als der Ostblock so unspektakulär zusammengebrochen war, startete die Globalisierung in Form der Universalisierung der kapitalistischen Wachstumswirtschaft richtig durch – und bis heute bringt sie eine so heillose Übernutzung der verfügbaren Überlebensressourcen mit sich, dass absehbar ist, dass sie in zwei, drei Jahrzehnten ihre eigenen Funktionsvoraussetzungen zerstört haben wird.

Eine solche Wirtschaft ist zutiefst unökonomisch, denn um sich am Leben zu erhalten, verbraucht sie immer mehr Material für die Herstellung von immer mehr und immer aufwendigeren Gütern für immer mehr Menschen mit immer mehr Ansprüchen. Um das absehbare Ende dieses Prozesses ignorieren zu können, muss man, einem bekannten Aperçu zufolge, entweder verrückt oder Ökonom sein. Aber wahrscheinlich ist exakt damit das Problem beschrieben. Fast alle Bewohnerinnen und Bewohner der konsumistisch eingehegten Welt verhalten sich heute so, als ob die Ressourcen unbegrenzt zur Verfügung stehen würden. Dabei gibt es keinen vernünftigen Grund dafür, wie man zu der Annahme kommt, dass es in einer physikalisch begrenzten Entität von allem immer mehr geben könnte.

Aber die Geschichte lehrt, dass Wahrheit eine Funktion sozialer Übereinstimmung ist und Menschen auch noch die absurdesten Dinge glauben, wenn alle sie glauben. William Thomas hat zu Beginn des

---

2 Die DDR hatte seit 1971 ein Umweltministerium, aber es ist bis heute unklar geblieben, was dort eigentlich gemacht wurde (Radkau 2011, 130).

vergangenen Jahrhunderts ein berühmtes Diktum formuliert: Wenn Menschen etwas für wirklich halten, dann ist es in seinen Folgen wirklich. Eine Überzeugung kann also völlig haltlos oder phantastisch sein – wenn man auf der Grundlage dieser Überzeugung handelt, schafft diese Handlung gleichwohl Wirklichkeit.

Die Folge des zeitgenössischen Aberglaubens, unbegrenztes Wachstum sei möglich, weil es nötig ist, damit die Wirtschaft floriert, lässt sich im Bild des Earth-Overshoot-Day veranschaulichen. Diesem liegt die Überlegung zugrunde, dass man dann nachhaltig wirtschaftet, wenn man den Ressourcenverbrauch pro Jahr so einteilt, dass die rechnerisch verfügbare Menge nach 365 Tagen verbraucht ist, man am 1. Januar des Folgejahres also wieder dieselbe Menge zur Verfügung hat: die Formel ist

Biokapazität / Ökologischer Fußabdruck x 365 = Overshoot-Day.

Seit so gemessen wird, fällt der Tag, an dem die Ressourcen verbraucht sind, immer früher ins Jahr: 2011 war es der 27. September, 2014 ist es der 19. August. Auf diese anschauliche Weise wird nicht nur klar, dass die Übernutzungsrate wächst, sondern auch die Geschwindigkeit der Steigerung der Übernutzung: Der Tag wandert von Jahr zu Jahr schneller weiter nach vorn, so dass die Verdoppelung des jährlichen Verbrauchs in einer viel kürzeren Zeitspanne erreicht sein wird als zum Beispiel die Marke einer 150-prozentigen Übernutzung. Übernutzung ist kein von einem Moment auf den anderen geschehendes Ereignis, sondern ein schleichender Prozess.

Aber wie kann es eigentlich sein, dass man mehr verbraucht als zur Verfügung steht? Ganz einfach: Das, was man *jetzt* übernutzt, fehlt denen, die es *später* brauchen. Je mehr übernutzt wird, desto weniger wächst nach, oder anders gesagt: die gegenwärtigen Verbraucher, also Sie, sind Kreditnehmer, die ihre Schulden zur Begleichung an Ihre Kinder weiterreichen. Wenn sich das Prinzip der Wachstumswirtschaft über die Welt ausbreitet, heißt das, dass man nicht mehr – wie zu Zeiten der europäischen und nordamerikanischen Industrialisierung im 19. und 20. Jahrhundert – in den Raum expandieren kann, um den Treibstoff für den Antrieb der Zivilisationsmaschine von außen zu holen. Als einzige Ressource zur Erzeugung globalen Mehrwerts verbleibt nur die Zukunft. Die Kultur der „Sofortness" verbraucht die Zukunft derjenigen, die das Pech hatten, später geboren worden zu sein als Sie.

Wohnst Du noch, oder zerstörst Du schon?

Stellen Sie sich vor: Ein älteres Ehepaar geht zu IKEA, bleibt lange vor dem Schrank „Bjursta" stehen, öffnet und schließt die Türen, zieht und schiebt die Schubladen, prüft das Holz, streicht über die Oberflächen, geht um das Stück herum, überlegt, sinniert. Schließlich sagt die Frau zu ihrem Mann: „Den nehmen wir. Der ist schön und solide, von dem wird unser Enkelchen noch etwas haben!"

Wenn ich diese fiktive kleine Episode in Vorträgen erzähle, gibt das verlässlich einen Lacher. Warum? Weil heute die Vorstellung völlig absurd erscheint, dass man ein Möbelstück vererben könnte, ja, dass man es in der Perspektive anschaffen könnte, es wäre nicht spätestens in fünf, sechs Jahren aus der Mode und würde ersetzt werden. Tatsächlich kauft man Möbel heute für den Sperrmüll, auf dem sie über kurz oder lang landen werden. Sie sind in Relation zu den verfügbaren Einkommen extrem billig, weshalb es nichts macht, sie wegzuschmeißen und à la mode zu ersetzen. Was IKEA und andere Billigmöbelhäuser geschafft haben, ist die Verwandlung von langlebigen in kurzlebige Konsumgüter. Während Durchschnittsfamilien früher lange sparten, um sich einen neuen Schrank leisten zu können und sie ihn sich dann anfertigen ließen oder im Möbelhaus kauften, handelt es sich heute um Mitnahme- und Wegwerfartikel. Ökologisch betrachtet, sind diese kurzlebigen Pseudomöbel nicht nur deswegen eine Katastrophe, weil sie nach kurzem Gebrauch entsorgt werden. In ihre Produktion geht wesentlich mehr Energie-, Material- und Transportaufwand ein als in jeden getischlerten Schrank. Die „Ikearisierung" der Welt sieht in Zahlen so aus, dass der Konsum an Möbeln in den westlichen Gesellschaften alle zehn Jahre um 150 Prozent wachst (Shor 2010). Und IKEA ist inzwischen überall.

Im 20. Jahrhundert wurde weltweit zehnmal mehr Energie verbraucht als während der kompletten Menschheitsgeschichte davor. Im selben Zeitraum ist die Wirtschaft um das Vierzehnfache, die industrielle Produktion um das Vierzigfache angewachsen (Mc Neill 2005 9 u. 29). Die Menge an gekaufter Kleidung verdoppelt sich in den USA jahrzehntweise (Shor 2010). Aber wir verzeichnen nicht nur ein exorbitantes Mengenwachstum; viele Produkte fordern selbst immer mehr Material. Autos zum Beispiel verzeichnen über die letzten Jahrzehnte ein spektakuläres Wachstum. Ein VW Golf zum Beispiel hat im Lauf seiner Bauzeit von 750 Kilogramm Gewicht auf 1,2 Tonnen zugelegt.

Noch extremer ist der Mini. War dieser vor vierzig Jahren tatsächlich klein und transportierte mit 34 PS und 617 Kilogramm Gewicht immerhin vier Personen, gibt es ihn heute als Limousine, Cabrio, Kombi, Coupé, Roadster und SUV mit bis zu 211 PS und 1380 Kilogramm Gewicht.

Die Größe des heutigen Mini übertrifft heute lässig die des einstigen Inbegriffs des Oberklasse-Sportwagens Porsche 911. Dieser wiederum ist in seiner aktuellen Ausbaustufe größer und schwerer als 1960 der legendäre Mercedes 300, der „Adenauer-Mercedes". Bei solchem hypertrophen Wachstum, das von den surrealen „Stadtgeländewagen" Audi Q7, BMW X5, Porsche Cayenne und so weiter noch locker übertroffen wird, sind die Straßen, die Parkbuchten und die Autobahnen mittlerweile zu klein geworden. Folgerichtig fordert die größte und mächtigste NGO Deutschlands, der ADAC, eine Verbreiterung der Überholspuren in Autobahnbaustellen (die sich natürlich vervielfachen würden, wenn diese Forderung umgesetzt würde).

Derlei Monsterautos, die im Schnitt nach wie vor nur eine einzige Person transportieren, gibt es heute pro Haushalt nicht mehr nur einmal, sondern gleich zwei- bis dreifach, und in denselben Haushalten finden sich vier Flatscreens, eine Klimaanlage, ein amerikanischer Kühlschrank mit Eiswürfelbereiter (falls mal Dean Martin vorbeikommt) und überhaupt eine sogenannte Landhausküche, mit deren technischer Ausrüstung man zwei vollbelegte Jugendherbergen mühelos versorgen könnte.

Die Nutzungsdauer bei elektronischen Geräten verkürzt sich, den unermüdlichen Ingenieuren sei Dank, rasant, und mittlerweile werden in den USA 40 Prozent und in Europa 30 Prozent der Nahrungsmittel als Dreck entsorgt, weil sie nur noch gekauft, aber nicht mehr konsumiert werden.

Unermüdlich produziert die Nachhaltigkeitsindustrie Berechnungen und Labels zu carbon footprints, ökologischen Rucksäcken, virtuellem Wasser und übersieht dabei völlig, dass alles dieses längst in Produkte eingeht, die erstens niemand braucht und die zweitens gar nicht mehr konsumiert, sondern nur noch gekauft und weggeschmissen werden, oder so funktionieren wie die Abfallerzeugungsmaschinen vom Typ „Nespresso". Erst setzt sich die Strategie am Markt durch, pro Tasse Kaffee eine aufwendige Aluminiumkapsel dazu zu verkaufen und das Produkt so mit einem exorbitanten Preis und einem noch grandioseren Müllfaktor zu versehen. In den bis zu 43 Cent teuren Kapseln sind je nach Hersteller zwischen sieben und sechzehn Gramm Kaffee enthalten; das Pfund Kaffee kommt da auf 30 Euro. Die Kaffeemaschinen sind dagegen vergleichsweise günstig, weshalb allein in Deutschland im Jahr 2011 mehr als eine Million Kapselkaffeemaschinen verkauft wurden (Birger 2012, 31). Für die Umweltkosten der Kapseln liegen mir keine Berechnungen vor, aber es war natürlich nur eine Frage der Zeit, bis jemandem auffiel, dass hier eine veritable Öko-Schweinerei vorliegt. Folgerichtig begann man, Ökokaffeekapseln für die Kapselkaffeemaschinen herzustellen. Schwupps ist ein Produkt als „umweltfreundlich" klassifiziert, das es vor kurzem noch gar nicht gab und das ausschließlich aufgrund seiner Inexistenz umweltfreundlich war.

Wahrscheinlich haben Sie beim Lesen der letzten Seiten das Gefühl gehabt, dass Sie längst etwas tun, was Sie freiwillig und bewusst nie beabsichtigt haben: Sie verzichten auf Ihre Freiheit, Ihr Leben nach Ihren eigenen Entscheidungen einzurichten. So wie Sie sich Ihren Lebensraum mit Produkten vollstellen, von denen Sie bis vor Kurzem gar nicht wussten, dass Sie sie jemals haben wollen würden, so wenden Sie immer mehr Zeit dafür auf, sich in diesem Konsumuniversum für oder gegen irgendetwas zu entscheiden: Sie lesen Tests und Erfahrungsberichte, arbeiten sich durch Bedienungsanleitungen und Updates, rufen Preisvergleiche ab, schließen Verträge aller Art ab – weshalb Sie immer mehr kaufen, aber immer weniger konsumieren, was Sie gekauft haben.

Sie befriedigen also in Wahrheit nicht *Ihre* Bedürfnisse, sondern die eines Marktes, den es ohne Sie gar nicht gäbe. Sie sind wie der Mieter eines 20-Quadratmeterappartments, der auf den Balkon gehen muss, um seinen Plasmafernseher mit 140-Zentimeter-Bildschirmdiagonale erfassen zu können. Sie schränken Ihre Freiheit ein, um Platz für Produkte zu machen, oder um Wochenendtrips mit dem Billigflieger und Flughafentransfers und Sicherheitskontrollen zu absolvieren, anstatt zu Hause zu bleiben und sich von der Arbeitswoche zu erholen – hat Ihnen das jemand befohlen? Wer?

Ein Marketing-Mann von Harley-Davidson hat einmal gesagt: „Bei Harley kaufen Sie ein Lebensgefühl und bekommen noch kostenlos ein Motorrad dazu." Als Kunde von Lifestyle-Anbietern sind Sie längst Teil der Benutzeroberfläche von Unternehmensstrategien geworden, die Sie als ihr eigentliches Produkt erfunden haben: als unablässiger Neu-Bedürfnis-Haber, dem man in immer kürzeren Zeitabständen immer mehr Neues andreht. Zum Beispiel ist Apple kaum daran interessiert ist, welche Krankheiten die Arbeiter bekommen, die bei Foxconn die Displays imprägnieren, über die Ihre Finger dann so geschmeidig gleiten können, dafür umso mehr daran, was die Produktion von immer mehr Geräten für immer selbstreferentiellere Zwecke in Ihrer Innenwelt anrichtet, in der sich die Prioritäten, die Aufmerksamkeiten und die Wahrnehmungen so verändert haben, dass Sie längst schon ein digitaler Junkie geworden sind, der Entzugserscheinungen bekommt, wenn das I-Phone weg ist. Selbst auf Musikfestivals bilden sich die längsten Schlangen vor den Aufladestationen für Handys, nicht auszudenken, wenn man nicht online gehen kann: Der Anblick der szenigen jungen Paare, die in szenigen Berliner Bars nebeneinander sitzen und auf die Bildschirme ihrer Macbooks starren und von Zeit zu Zeit irgendwelche Tasten auf ihren Tastaturen drücken, hat für mich etwas zutiefst Deprimierendes.

Mich verstört der leichtherzige Verzicht auf Freiheit und das freimütige Eintauschen von Autonomie gegen Produkte auch deswegen, weil hier ohne Not preisgegeben wird, was der wirkliche historische Gewinn des Aufstiegs der frühindustrialisierten Gesellschaften war: nicht primär der Wohlstand, der ja hinsichtlich seines Mehrwerts an Glück ab einem bestimmten Niveau ziemlich begrenzt ist, sondern eben das: bürgerliche Rechte, Demokratie, Rechtsstaatlichkeit, Bildungs- und Gesundheitsversorgung. Denn die kapitalistischen Gesellschaften produzieren ja beides zugleich: die Erfahrung von Freiheit und Teilhabe *und* Ungleichheit und Ungerechtigkeit, die Steigerung des individuellen Glücks *und* die Zerstörung der Welt. Aufklärung *und* Selbstentmündigung.

Deshalb greift alle grüne Kritik an der ressourcenübernutzenden Kultur und jede Forderung nach mehr Nachhaltigkeit in der Wachstumswirtschaft gleich zweimal daneben: Erstens geht es heute nicht mehr um Korrekturen, sondern um eine Umkehr, und zweitens nicht um die Frage, was es zu vermeiden, sondern was es zu erhalten gilt. Denn eines ist ja klar: Gesellschaften unseres Typs werden in den kommenden Jahren und Jahrzehnten mehr und mehr unter Stress geraten: unter Ressourcenstress, Schuldenstress, Migrationsstress usw. Unter Bedingungen von erhöhtem Stress schrumpft der Raum zum Handeln: Man beginnt dann nur noch zu reagieren und hört auf zu gestalten – so wie es die europäischen Regierungen unter dem Druck der Finanzindustrie heute schon tun, weshalb man heute vor einer einfachen Wahl steht: Da sich unsere Welt radikal verändern wird, stehen wir nicht vor der Frage, ob alles bleiben soll, wie es ist, oder nicht. Wir stehen nur vor der Frage, ob diese Veränderung by design or disaster gestaltet wird – ob man sehenden Auges die sukzessive

Verkleinerung des noch bestehenden Handlungsspielraums geschehen und damit Freiheit, Demokratie, Recht und Wohlstand über die Klinge springen lässt – oder ob man seinen Handlungsspielraum nutzt, um Freiheit zu erhalten, also auch die Freiheit, die Dinge besser zu machen.

Literatur

Birger, N.: Starbucks und Krüger attackieren Nespresso. In: Welt am Sonntag, 27.5.2012.

Mc Neill, J. R.: Blue Planet. Die Geschichte der Umwelt im 20. Jahrhundert. Bonn: Bundeszentrale für Politische Bildung 2005.

Radkau, J.: Die Ära der Ökologie – Eine Weltgeschichte, München 2011.

Shor, J.: Plentitude: The new economics of true wealth, London 2010.

Welzer, H.: Selbst denken. Eine Anleitung zum Widerstand, Frankfurt 2013.

Angelika Zahrnt / Uwe Schneidewind

Warum gutes Leben ein politisches Thema ist – und wie Suffizienzpolitik aussehen kann[1]

„Gutes Leben" – auf den ersten Blick scheint das etwas zu sein, was uns nur individuell, nur persönlich angeht. Denn am Ende kann und sollte jede und jeder für sich entscheiden, was für sie oder für ihn besonders wichtig im Leben ist, was sie oder er konsumieren möchte, mit wem sie oder er zusammen leben will oder nach welchen Zielen der oder die Einzelne strebt.

Es ist die große Errungenschaft freiheitlich-demokratischer Gesellschaften, dass sie die Individualität und Vielfalt von Lebensentwürfen in Toleranz möglich macht. Und zu Recht reagieren diejenigen sensibel, die diese Freiheit bedroht sehen. Der Ruf nach politischer Rahmung unserer individuellen Lebensgestaltung wird als eine solche Gefahr gesehen. Schnell werden dann Begriffe bemüht wie „Zwangsstaat", „Ökodiktatur" oder „neuer Sozialismus".

Ein näherer Blick zeigt, dass die Gegensätze zwischen Staat und Freiheit nicht so eindeutig sind, wie sie gerne gezeichnet werden: auf der einen Seite der nach individueller Entfaltung strebende Bürger, auf der anderen Seite der intervenierende Staat, der diese Entfaltung behindert. Ein solcher Blick verkennt die eigentliche Bedeutung von Staat und Politik.

Politik zielt darauf, das Zusammenleben von Menschen in einer allgemein verbindlichen Form zu regeln. Eine gute Politik sorgt dafür, dass die Entfaltung von individueller Lebensführung möglich wird, ohne die Lebensentwürfe anderer einzuschränken. Eine gute Politik schafft Möglichkeitsräume für gutes Leben.

Wie schnell Möglichkeitsräume für die einen zur Beschränkung für die anderen werden können, wird zum Beispiel in der Verkehrspolitik

---

1 Der Beitrag beruht auf der Einleitung des gemeinsamen Buches der Autoren „Damit gutes Leben einfacher wird – Perspektiven einer Suffizienzpolitik", München 2013.

deutlich: Autogerechte Innenstädte mit breit ausgebauten Straßen sowie auf den Autoverkehr ausgelegte Ampelschaltungen sind hilfreich für Autofahrer, in aller Regel aber behindernd für diejenigen, die sich mit dem Fahrrad oder zu Fuß in der Stadt bewegen wollen. Politik muss hier einen Ausgleich schaffen. Gute Politik schafft die Grundlage dafür, dass sich eine möglichst große Zahl individueller Lebensentwürfe entfalten kann.

Und hier beschleicht uns seit einiger Zeit ein Unbehagen: „Schneller", „globaler", „mehr", „kommerzialisierter" – das waren die Entwicklungslinien der letzten Jahrzehnte. Sie wurden durch eine Wirtschaftspolitik ermöglicht, die auf freien Handel und die Marktliberalisierung möglichst vieler Gesellschaftsbereiche gesetzt hat. Dies hat uns einen bisher nicht gekannten materiellen Wohlstand und eine ungeahnte Produkt- und Dienstleistungsvielfalt gebracht.

Gleichzeitig fühlen wir uns von der damit ausgelösten Dynamik oft bedrängt: immer flexiblere Arbeitszeiten, Mengen kaum noch zu bewältigender Mails, eine unüberschaubare Produktvielfalt in Lebensmittelregalen. Immer deutlicher wird, dass ein gutes Leben auch Räume für ein „Langsamer", „Näher", „Weniger" und „Persönlicher" benötigt.

Gutes Leben braucht Raum für neue Gleichgewichte. Dies erfordert eine Politik, die unterschiedlichen Lebensentwürfen in globaler Verantwortung eine Entfaltungschance gibt. Darauf zielt die Idee einer „Suffizienzpolitik".

Was sich hinter „Suffizienz" verbirgt – auf dem Weg zum ganzen Leben

Der Begriff der „Suffizienz" hat seine Wurzeln im lateinischen „sufficere", was so viel wie „ausreichen" bedeutet. Es geht bei der Suffizienz um die Frage nach dem rechten Maß. Es geht darum, soviel zu haben, wie es die eigenen Bedürfnisse erfordern – und dabei nicht nur materielle Bedürfnisse im Blick zu haben.

Wolfgang Sachs hat den Begriff der Suffizienz Anfang der 1990er Jahre in die deutsche Diskussion um Nachhaltigkeit eingeführt. Er hat sie mit der Idee der „vier E" – von Entschleunigung, Entflechtung, Entrümpelung und Entkommerzialisierung – umschrieben.

Es handelt sich bei Suffizienz um eine Qualität des „In-der-Welt-Seins". Sich im richtigen Verhältnis zu Zeit und Raum, Besitz und

Markt zu befinden. Solange sich die Menschheit im Wesentlichen durch Naturgewalten und -gefahren, durch Armut und Hunger getrieben sah, schuf technologischer und ökonomischer Fortschritt Freiheit und Emanzipation von diesen Zwängen. Dadurch entstanden neue Qualitäten menschlicher Existenz, dadurch wurden Zivilisation und Kultur erst möglich.

Doch immer stärker wird die Menschheit durch die negativen ökologischen, sozialen und ökonomischen Folgen dieses einst erfolgreichen Fortschrittsprogramms eingeholt. Orientierung an Suffizienz steht daher für die Wiedergewinnung von Gleichgewichten. Dabei geht es nicht um die Ablehnung der beeindruckenden Produktivitätsfortschritte der Vergangenheit, sondern um ein neues Miteinander von produktivem Fortschritt und Genügsamkeit.

Als Menschen können wir immer wieder eine unendliche Zahl neuer Bedarfe entwickeln. Diese treffen auf eine begrenzte Welt – begrenzt durch limitierte Produktionsfaktoren, aber auch endliche natürliche Ressourcen. Moderne Ökonomie lehrt uns nun, wie wir immer mehr aus den begrenzten Ressourcen herausholen können. Sie setzt ganz auf Effizienz, um die Produktivität zu steigern und damit das Angebot zur Befriedigung der unbegrenzten Bedarfe zu erhöhen. Hier haben wir in der Tat gewaltige Fortschritte gemacht: Es ist unglaublich, auf welche Gütermengen und Dienstleistungen die moderne Menschheit zurückgreifen kann. Aber gleichzeitig handelt es sich um ein Hase-und-Igel-Rennen, an dem sich immer mehr Menschen beteiligen. Denn die Befriedigung bestehender Bedarfe weckt die menschliche Fantasie nach neuen. Das Rennen ist nicht zu gewinnen – doch ruinieren wir dabei unsere natürlichen Lebensgrundlagen, wenn wir weiterhin so wirtschaften wie bisher.

Umso wichtiger ist es für eine vollständige ökonomische Betrachtung auch auf die Seite der Bedarfe zu schauen: Gelungenes menschliches Leben besteht gerade darin, nicht jedem Bedarf hinterherzulaufen, nicht Getriebene(r) im Räderwerk sich ständig erweiternder Begierden zu sein.

Bewusst auf etwas verzichten zu können, auf Dinge warten zu können, sich am Bestehenden zu erfreuen und die Beziehung zum Existierenden zu pflegen – statt immer nach Neuem zu verlangen. All dies sind Tugenden, die ein gelungenes menschliches Leben ausmachen. Suffizienz und Effizienz gehören untrennbar zusammen.

Warum es Suffizienz auch gesellschaftlich braucht – Politik für Nachhaltigkeit jenseits der Effizienzrevolution

Doch nicht nur individuell spielt Suffizienz für ein gutes Leben eine wichtige Rolle. Auch die globale gesellschaftliche Herausforderung einer nachhaltigen Entwicklung ist ohne Suffizienz nicht zu bewältigen. Nachhaltige Entwicklung steht für eine Entwicklung, die die Bedürfnisse heutiger Generationen befriedigt, ohne künftigen Generationen die Möglichkeiten zu ihrer Bedürfnisbefriedigung zu nehmen. Das Konzept nachhaltiger Entwicklung verbindet seit dem „Brundtland-Bericht" Ende der 1980er Jahre die Umwelt- mit der Entwicklungsfrage. Es geht um einen gerechten Ausgleich zwischen den Ländern des globalen Nordens und Südens und gleichzeitig den langfristigen Umwelt- und Ressourcenschutz. Beides gelingt kaum. Besonders plastisch zeigt sich das in der Klimafrage: Der Wohlstand der industrialisierten Welt der letzten Jahrzehnte war nur möglich durch den massiven Rückgriff auf fossile Energieträger – Kohle, Öl und Gas. Der enorme Anstieg der CO_2-Emissionen in der Atmosphäre geht daher auf das Wirtschaften dieser Länder zurück. Jeder Amerikaner stößt rund 20 Tonnen CO_2 pro Kopf und Jahr aus, ein Deutscher rund zehn, ein Inder oder Afrikaner hingegen gerade mal eine Tonne.

Die ökologischen Folgen des erheblichen Anstiegs von Treibhausgasen treffen aber in der Regel die ärmsten Staaten, die sich nicht schützen können: Zunehmende Extremwetterereignisse wie Wirbelstürme, Hochwasser oder Dürren belasten Länder wie Bangladesch, Vietnam oder Haiti – Länder, die kaum einen Anteil am CO_2-Anstieg hatten.

Gleichzeitig pochen die ärmeren Staaten auf ihr legitimes Recht auf eine vergleichbare ökonomische Entwicklung wie die Industriestaaten. Viele Schwellenländer, allen voran China, haben hier in der Vergangenheit eindrucksvoll aufgeholt – auch bei den damit verbundenen CO_2-Emissionen. So liegt China inzwischen bei über fünf Tonnen CO_2 pro Kopf und hat aufgrund seiner höheren Bevölkerungszahl die USA als weltweit größter CO_2-Produzent überholt.

Bei der Suche nach Lösungen für diese Herausforderung lautete die Antwort lange Zeit: Wir brauchen eine Entkopplung der Wirtschaftsleistung von der Umweltbelastung durch höhere Öko-Effizienz. Hinter diesem Begriff verbergen sich Produktionsprozesse und Produkte, die bei gleicher oder sogar höherer ökonomischer Leistung mit sehr viel weniger Umweltbelastung auskommen. Der Schlüssel dafür sind technologische Innovationen. Hier wurden in den letzten Jahren auch wichtige Erfolge erreicht: Moderne Automobilmotoren sind heute viel effizienter als ihre Vorgängermodelle aus den 1990er Jahren, bei vielen chemischen Produktionsprozessen konnte der Energiebedarf stark gesenkt werden. Und die schöne Illusion, die dabei vermittelt wird, heißt: Weil die neuen grünen Technologien schnell auch zu einem wichtigen Exportschlager werden, lassen sich Ökologie und klassische Ökonomie ohne Probleme verbinden. Das ist die große Hoffnung der „Green Economy".

In aktuellen Studien zeigt sich nun aber, dass in vielen Feldern zwar tatsächlich erhebliche relative Entkopplungen erreicht werden konnten – sich der Umweltverbrauch pro einzelne Produkteinheit also reduziert hat. Diese relativen Einsparungen wurden aber durch ein gleichzeitiges Wachstum der Produktmenge oder eine vermehrte Produktnutzung überkompensiert. Die Folge daraus: Die absoluten Umweltbelastungen wachsen weiter – auch dort, wo sie die globalen Belastungsgrenzen längst überschritten haben, wie beim Klimawandel. So haben sich die CO_2-Emissionen weltweit seit der großen Nachhaltigkeitskonferenz in Rio de Janeiro 1992 um 20 Prozent erhöht statt zu sinken – trotz aller gewaltigen technologischen Fortschritte in den letzten 20 Jahren.

Dieser Anstieg hängt dabei mit den realisierten Effizienzgewinnen zusammen. Denn öko-effiziente Motoren oder Produktionsprozesse verringern nicht nur die Umweltauswirkungen, sind also nicht nur ökologisch, sondern sie sind auch ökonomisch sparsamer. Die ökonomischen Einsparungen schaffen Anreize zur Produktions- oder Ausstattungsausweitung und intensiverer Nutzung. Darum hat der „VW-Käfer"-Nachfolger „Beetle" des Jahres 2013 zwar einen sehr viel effizienteren Motor als ein „Käfer" der 1960er Jahre. Aber er ist auch viel besser ausgestattet, somit schwerer und deutlich höher motorisiert. In der Folge ist der Spritverbrauch pro 100 Kilometer beider 50 Jahre auseinanderliegender Modelle sehr ähnlich. Dies ist ein Beispiel für immanente Wachstumseffekte von Effizienzsteigerungen, die die Ökonomen den „Rebound-Effekt" nennen. Er kommt in vielen Formen daher und ist ein wesentlicher Grund dafür, dass sich die Herausforderungen einer nachhaltigen Entwicklung mit Effizienz alleine nicht werden lösen lassen.

Suffizienz ist daher ein wichtiger Baustein, um mit der Herausforderung einer nachhaltigen Entwicklung umzugehen. Statt alleine auf technologische Innovationen zu setzen, zielt Suffizienz auf soziale

Innovationen. Suffizienz schafft Wohlstand mit weniger Natur- und Materialverbrauch.

Aus Sicht einer nachhaltigen Entwicklung ist ein besonderes Kennzeichen der Suffizienz, dass sie unter bestimmten Voraussetzungen viel schneller umzusetzen ist als die Entwicklung neuer Technologien. Letztere müssen aufwendig entwickelt, erprobt, verbessert und in Märkten durchgesetzt werden. Das kann Jahre oder Jahrzehnte dauern. Gerade beim Klimawandel drängt die Zeit. Deswegen werden Ansätze wichtig, die auch kurzfristig greifen können. Wie das aussehen kann, hat die Energiesparinitiative „Setsuden“ in Japan nach der Katastrophe von Fukushima gezeigt. Die nach der Katastrophe nötigen Stromeinsparungen gelangen in kürzester Zeit. Ohne nennenswerte Einschränkungen wurden Energieeinsparungen von 15 bis 20 Prozent erreicht: Zum Beispiel wird Licht seitdem bewusster eingesetzt, und statt Klimaanlagen zu betreiben, änderte sich der Dresscode in japanischen Büros entsprechend der Temperatur. In Deutschland würde die flächendeckende Einführung von Tempo 100 nach Berechnungen des Umweltbundesamts unmittelbar rund fünf Prozent Kraftstoffeinsparung bringen.

Bei der Suffizienz können wir global auf Augenhöhe voneinander lernen. Denn anders als bei technologischen Innovationen, die leistungsfähige Industrien und ein ausgebautes Forschungssystem brauchen, sind Suffizienzinnovationen überall möglich: So können wir von Indiens vegetarischer Kultur genauso lernen wie von Bhutans Gross-National-Happiness-Politik oder von der Fahrradkultur in Kopenhagen, wo es heute selbstverständlich ist, mit dem Rad zur Arbeit zu fahren, und wo der Radverkehrsanteil bei über einem Drittel liegt.

Suffizienzpolitik schafft die Rahmenbedingungen für soziale und neue Formen technologischer Innovationen. Sie ergänzt die bestehende Innovationspolitik und schafft damit die Grundlage für eine Zivilisation, die die gesamte Breite menschlicher Potenziale entfaltet und die der Verantwortung einer nachhaltigen Entwicklung gerecht wird.

Suffizienzpolitik als Beitrag zu einem aufgeklärten Liberalismus

Greift eine Suffizienzpolitik nun in die Freiheitsrechte des Einzelnen ein? Der Vorwurf vom Antiliberalismus wird schnell gegen diejenigen erhoben, die sich für verbesserte Bedingungen für Suffizienz stark machen. Hier hilft ein näherer Blick auf das, worum es im Liberalismus eigentlich geht. Dann wird schnell deutlich, dass die Vorwürfe aus einem sehr reduzierten Verständnis von „Liberalismus“ resultieren.

Reduziert man die Bürger einer Gesellschaft auf ihren Status als Konsumenten, dann wird Liberalismus zu einem reinen Konsumliberalismus: Jeder kann kaufen und konsumieren, was, wo und wie er möchte – von der Fernflugreise bis zum hochmotorisierten Auto. Diese Form des freien Konsums für freie Bürger hat aus Freiheitssicht gleich mehrere Tücken: Sie steht erstens nur denjenigen offen, die über ausreichend finanzielle Mittel verfügen, um sich einen solchen Konsum zu erlauben. Zweitens schränkt die Ausübung des Konsums schnell die Freiheits- und Entfaltungsrechte anderer ein, die unter den Folgen des Konsums leiden müssen: beispielsweise die Radfahrer, die sich angesichts großvolumiger Autos im Straßenverkehr nicht mehr sicher fühlen. Oder diejenigen, die in den Einflugzonen von Flughäfen unter Fluglärm leiden. Noch gar nicht berücksichtigt sind dabei die Freiheitsrechte der Menschen weltweit, die die Folgen des durch unseren Konsum ausgelösten Klimawandels oder anderer Umweltschäden zu ertragen haben.

In unserem Grundgesetz gibt es daher bewusst den Paragraphen 14.2, in dem geregelt wird, dass „Eigentum verpflichtet“. Die Ausübung eigener Freiheitsrechte gerät immer dort an Grenzen, wo sie die Freiheitsrechte anderer beeinträchtigt. Genau für diesen Ausgleich braucht es eine politische Rahmensetzung. Gute liberale Politik hat daher den Bürger nicht nur als Konsumenten im Blick, sondern als Staatsbürger. Ein aufgeklärter Liberalismus zielt darauf, möglichst allen Bürgern ein Maximum an individueller Entfaltung zu ermöglichen. Es geht um die Toleranz gegenüber einer Vielfalt von unterschiedlichen Lebensweisen, die nebeneinander existieren können. Suffiziente Lebensweisen sind in aller Regel wenig invasiv, das heißt sie schränken andere in der Entfaltung ihrer Lebensentwürfe kaum ein. Eine Politik, die suffizientes Leben einfacher macht, ist daher eine im Kern liberale Politik. Sie eröffnet Perspektiven für eine Vielfalt nebeneinander bestehender Lebensentwürfe in globaler Verantwortung.

Suffizienzpolitik – Annäherung aus vier Perspektiven

Suffizienzpolitik ist vielfältig, und damit schwierig zu strukturieren. Vier Zugänge bieten sich an (die am Ende dieses Beitrags in einer Überblicksgraphik dargestellt sind):

Rahmen – Perspektiven für eine neue Ordnungspolitik.

Die Idee der Suffizienzpolitik ist eine Weiterentwicklung der Marktwirtschaft. Es geht um Ordnungsrahmen für wirtschaftliches Handeln, die nicht nur den sozialen Ausgleich in Deutschland, sondern Gerechtigkeit weltweit im Blick haben. Suffizienzpolitik ist daher erst einmal Ordnungspolitik, welche die Orientierung an einem guten Leben erleichtert. Dazu gehören beispielsweise neue Wohlstandsmaße für unsere Volkwirtschaft. Denn das Bruttosozialprodukt bildet immer weniger ab, was wirklichen Wohlstand in einer Gesellschaft ausmacht. Es geht um eine Wettbewerbsordnung und eine Steuerpolitik, die dafür sorgt, dass Gemeingüter nicht übernutzt werden, oder dass zumindest der Nutzer den Schaden kompensiert. Rahmenpolitik sorgt für Infrastrukturen, die ein gutes Leben für alle erleichtern – von Radwegen in Städten bis zu gut erreichbaren Naherholungsräumen. Und schließlich ist Gerechtigkeits- und Verteilungspolitik ein wichtiges Element einer Rahmenpolitik für gutes Leben. Denn Wohlstand wird in modernen Gesellschaften viel stärker durch den Grad der Gleichheit und Gerechtigkeit als durch die absolute Höhe des Bruttosozialproduktes definiert. Das zeigt uns eindrucksvoll die jüngere Forschung.

Orientieren – Das rechte Maß für Zeit und Raum, Besitz und Markt

Politikansätze, die Orientierung liefern, sind ein zweiter Zugang zur Suffizienzpolitik. Sie widmen sich den Charakteristika moderner Gesellschaften: Beschleunigung, Globalisierung, Mengenwachstum, Kommerzialisierung. Diese Entwicklungen haben strukturelle Ursachen. Suffizienzpolitik muss daher einerseits an den strukturellen Ursachen ansetzen. Anderseits bedarf es einer Politik, die den bisherigen andere Orientierungen entgegensetzt, welche ein Bewusstsein für den Wert von Entschleunigung, Regionalisierung oder das Finden des rechten Maßes adressieren.

Gestalten – Mobilität, Wohnen, Ernährung

Politik für gutes Leben setzt an konkreten politischen Handlungsfeldern an: der Verkehrspolitik, der Stadt- und Wohnungsbaupolitik oder der Ernährungs- und Landwirtschaftspolitik. Dies sind Politikfelder, in denen sich viele Möglichkeiten für eine Suffizienzförderung finden. Der große Vorteil dieses Zugangs besteht darin, dass es sich hier um etablierte Politikfelder mit eigenen Ministerien auf Bundes- und Landesebene handelt. Daher können Suffizienzressortpolitiken an bestehende politische Instrumentarien anknüpfen, diese weiterentwickeln und über Ressorts hinweg integrieren. Darüber hinaus kann hier ein produktiver Wettbewerb um gute Suffizienzpolitik zwischen unterschiedlichen Ländern und Kommunen entstehen – die Chance für eine politische Experimentierkultur.

Ermöglichen – Ressourcen für Suffizienz durch Arbeits-, Bildungs-, Gesundheits- und Verbraucherpolitik

Gutes Leben profitiert stark von einer Flankierung durch andere Politikfelder: Bildungspolitik, Arbeits(zeit)politik, eine gute Verbraucher- oder Gesundheitspolitik. Hier werden ebenfalls Grundlagen und Fähigkeiten für ein gutes Leben geschaffen. Je stärker diese „Ressourcen“ für ein gutes Leben ausgeprägt sind, desto einfacher fällt ein suffizientes Leben.

Durch das Zusammenwirken dieser vier Zugänge der Suffizienzpolitik kann es gelingen, dass Menschen ermutigt, befähigt und bestärkt werden, ein gutes Leben zu führen und es für sie leichter wird.

Hermann Knoflacher

Nachhaltige Mobilität der Zukunft

Vorbemerkung

Im Unterschied zu dem hier zu behandelnden Thema ist Mobilität im umfassenden Sinn eine Grundbedingung des Lebens, das auf Wechselbeziehungen beruht, die sowohl innen wie auch nach außen hin stattfinden und die Voraussetzung der Evolution bilden. Der Begriff „Mobilität" ist allerdings jüngsten Ursprungs, er wurde erst Mitte der 20er Jahre des letzten Jahrhunderts von Alexandrowitsch Sorokin in den Sozialwissenschaften eingeführt. Er unterscheidet dabei die soziale und die kulturelle Mobilität. In den 50er Jahren wurde noch die Wohnungsmobilität begrifflich hinzugenommen. Die letzte Bedeutungsverschiebung erhält die Mobilität im Zuge der Vollmotorisierung ähnlich wie beim Begriff „Verkehr". Nicht mehr der Wirkungsmechanismus zwischen zwei Empfängern, sondern nur mehr die Beweglichkeit der Transportmittel im „Mobilitäts-Kanal" wird damit bezeichnet. Werbestrategen tonangebender Automobil- und Baugesellschaften entfremden den Begriff der Mobilität zu ihren Gunsten, um ihn fortan für ihre eigenen Interessen, den Absatz ihrer Produkte (Autos, Straßen, Autobahnen, Tunnel, Brücken, usw.) zu missbrauchen. Nachhaltigkeit in diesen Bereichen gibt es weder als Begriff noch als Thema, ebenso wenig wie Ressourcenknappheit oder die Kenntnis eines ökologischen Fußabdrucks. Wichtig war, dass man sich bequem und schnell – und endlich individuell und frei fortbewegen konnte.

Zwecklose Mobilität dominiert das Denken im Verkehrswesen bis heute

Mit zunehmendem Wohlstand nahm der Autobesitz zu und damit auch die „Mobilität". Diese in den Lehrbüchern des Verkehrswesens dieser Zeit (und bis heute) verbreitete Meinung fragt nicht nach dem Zweck der Ortsbewegung, sondern lediglich nach der Zahl. Die Zahl der Autofahrten nahm zu. Es entstand der Mythos vom Mobilitätswachstum, ein Phänomen, das als eine Art Naturgesetz erschien und ein Wunsch der Gesellschaft, dem sich die Verkehrspolitik ebenso wie auch die Verkehrswissenschaft bestmöglich anzupassen hatte. 1975 begann ich an diesem Dogma zu zweifeln, als ich feststellen musste, dass durch das Angebot an Radwegen die Zahl der Radfahrten ebenso proportional zunahm, sodass ein Maximum an Mobilität durch zunehmenden Autobesitz und den Bau von Radwegen entstehen müsste, was wohl als Unsinn zu betrachten ist. Die Frage nach dem Zweck dieser Ortsbewegung außer Haus tauchte daher auf und ist leicht zu beantworten. Wenn etwas an einem Ort fehlt, muss man es an einem anderen Ort beschaffen. Fehlen Arbeitsplätze, muss man Arbeitswege auf sich nehmen, fehlen Nahrungsmittel, sind es Einkaufswege, fehlt es an lokaler Bildung, müssen Bildungseinrichtungen aufgesucht werden, ebenso auch Freizeiteinrichtungen, wenn in der Nähe keine Möglichkeiten dafür vorhanden sind. Jeder Weg ist daher mit einem Zweck verbunden, und die Zahl der Zwecke ist in einer Gesellschaft in der Gesamtheit eine Konstante.

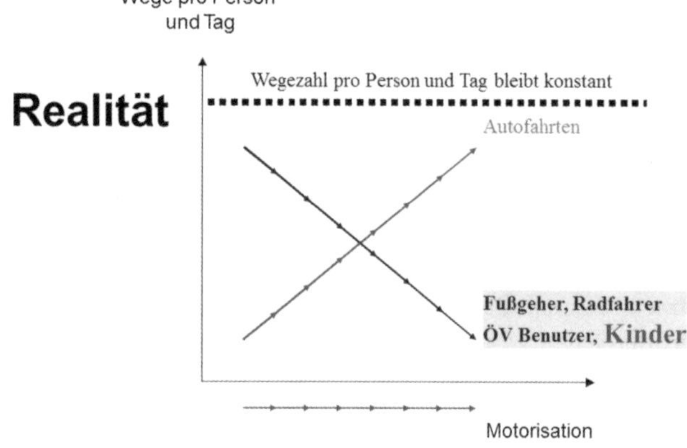

Abb. 1: Der Irrtum vom „Mobilitätswachstum" beruht auf der Ausblendung von Zweck und Nicht-Auto-Mobilitätsformen.

Es gibt daher kein Wachstum der Mobilität. Mit der zunehmenden Motorisierung und der billigen fossilen Energie wurden lediglich energiesparsame, kurze, umweltverträgliche Fuß-, Radwege und Wege mit dem öffentlichen Verkehr durch energieaufwändige, schnelle, umweltbelastende Autofahrten ersetzt. Mobilität kann aber nur dann nachhaltig sein, wenn es gelingt, die Zwecke mit minimalem Aufwand an Ressourcen und Energie zu bewältigen. Dies geht sicher nicht mit dem Auto, gleichgültig, aus welcher Energiequelle es auch gespeist wird.

Die Illusion der Zeiteinsparung durch Geschwindigkeit

Ökonomen, Techniker und auch die Politik glauben an die Möglichkeit einer Zeiteinsparung durch Erhöhung der Verkehrsgeschwindigkeit, eine Tatsache die in jedem Einzelfall empirisch nachweisbar ist. Gesellschaften, die über schnelle Verkehrssysteme verfügen, müssten daher wegen der enormen „Zeiteinsparungen" über einen Überschuss an Zeit verfügen, was sich weder mit der individuellen Erfahrung noch mit einer sorgfältigen Systemanalyse bestätigt. Schon der Zweck hat uns zu der Beziehung zwischen Quelle und Ziel hingeführt, sodass es nun leicht ist nachzuvollziehen, dass sich bei Änderung der Geschwindigkeiten Quelle und Ziel verändern werden, wenn es sich um Strukturen handelt, die nicht natürlicher Art, sondern vom Menschen gemacht sind.

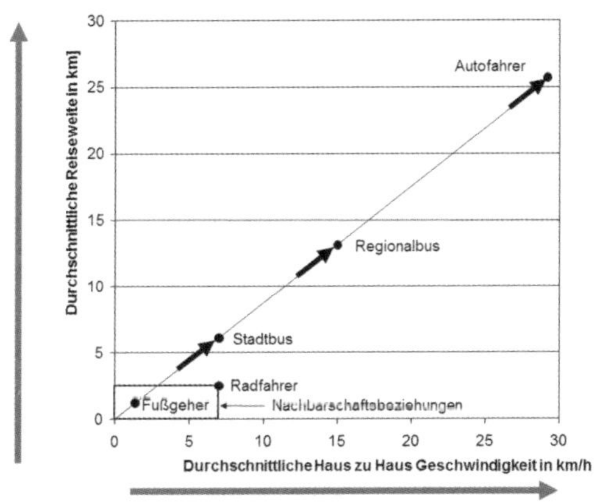

Abb. 2: Verändert man die Geschwindigkeiten, verändert das die Strukturen, nicht aber die Mobilitätszeit. Diese ist eine Systemkonstante.

Die Verkehrsgeschwindigkeiten verändern Ziele und Quellen, sie geben sowohl dem Einzelnen wie auch den Wirtschaftsstrukturen mehr individuelle räumliche Freiheit, allerdings auf Kosten der gesamten Systemstabilität. Die empirischen Belege beweisen, dass hoch motorisierte Gesellschaften genauso viel Mobilitätszeit aufwenden müssen wie Gesellschaften, die über keine technischen Verkehrsmittel verfügen. Der Unterschied liegt in den Strukturen. Erstere leben in Strukturen mit einem hohen Mobilitätsaufwand, bei denen sich Wohnen, Arbeiten, Freizeit, Ausbildung und Einkaufen in größeren Entfernungen voneinander befinden. Dieses Phänomen bezeichnet man als Zersiedelung oder *urban sprawl,* auch das Entstehen mächtiger Wirtschaftskonglomerate in Form der Konzerne, deren äußere Erscheinungsformen Super- und Fachmärkte jenseits der traditionellen Siedlungsräume der Menschen sind. Das gleiche findet auch am Arbeitsmarkt statt, immer mehr lokale Betriebe verschwinden mit zunehmender Geschwindigkeit des Verkehrssystems und werden durch zentralistische Großstrukturen, also die Konzerne, ersetzt. Der Arbeitsmarkt verliert seine Vielfalt, der Beschäftigte die Befriedigung aufgrund einer erfüllten Arbeit. Der Mensch wird zu einem Faktor der Industrieproduktion und auch von den Ökonomen so bezeichnet: Produktionsfaktor.

Schnelle und billige Verkehrssysteme führen zwangsläufig zur Konzentration von Macht und Einfluss in wenigen Händen und zur zunehmenden Ohnmacht und Hilflosigkeit der Menschen. Da es im System keine Zeiteinsparung gibt, kann man daraus auch – zum Unterschied der bisherigen Begründungs- und Berechnungsmethode – für die Investition schneller Verkehrssysteme keinen Nutzen aus Zeiteinsparungen mehr berechnen. Aufgrund der Gesetze der Physik nehmen lediglich die Entropie, also der Energie- und Ressourcendurchsatz, zu, ebenso auch die Disparitäten lokal und global. Der Zugriff auf und damit der Raub der Ressourcen war noch nie so leicht und schnell wie heute. Besonders deutlich wird dies im schnellsten technischen Verkehrssystem unserer Zeit, den elektronischen Medien, die im Finanzsystem zwangsläufig zu den periodischen Verwüstungen führen müssen, solange die Kriminellen die Gesetze des Handelns bestimmen und die Politik entweder mitmacht oder nicht begriffen hat, worum es dabei geht.

Das zeigt sich auch im Verkehrswesen, wenn die Politik den Mobilitätsaufwand anfacht, indem sie einerseits die räumliche Trennung von Wohnen und Arbeiten durch Zuschüsse fördert, während andererseits über die Raumplanung die Kontrolle über die Entwicklung der Strukturen längst verloren wurde und sie so nachhaltige Verkehrsmittel wie Fußgänger und Radfahrer finanziell massiv benachteiligt. Sie ist zur Helferin mächtiger Lobbys und damit zu einer treibenden Kraft gegen die Nachhaltigkeit geworden.

Die Unfähigkeit zum Lernen

Seit 1956, als Hubbert Peak Oil voraussagte und 1972 D. Meadows die Grenzen des Wachstums aufzeigten, hätte man wissen müssen, dass diese Entwicklung nicht nachhaltig ist. Man war aber offensichtlich nicht dazu in der Lage zu lernen, weil die Gesellschaft zu diesem Zeitpunkt bereits vom Autovirus befallen wurde und daher im Interesse dieses Virus handelte, entschied und wertete. Sie baute eine Welt für Autos und nicht mehr für Menschen. 1975 konnte ich durch die Auswertung vorliegender Beobachtungen unter Berücksichtigung von Evolutionstheorie und evolutionärer Erkenntnistheorie nachweisen, dass das scheinbar außenliegende Auto aufgrund der Interaktion mit dem Lenker tief in das Stammhirn des Menschen eingreift und dort grundlegende Veränderungen bewirkt. Der Mensch als aufrecht gehender Zweibeiner kann nur rund 10 % seiner Muskelenergie in Bewegung umsetzen und muss jede Beschleunigung und Erhöhung der Geschwindigkeiten sofort mit entsprechend höherem Energieaufwand „bezahlen“.

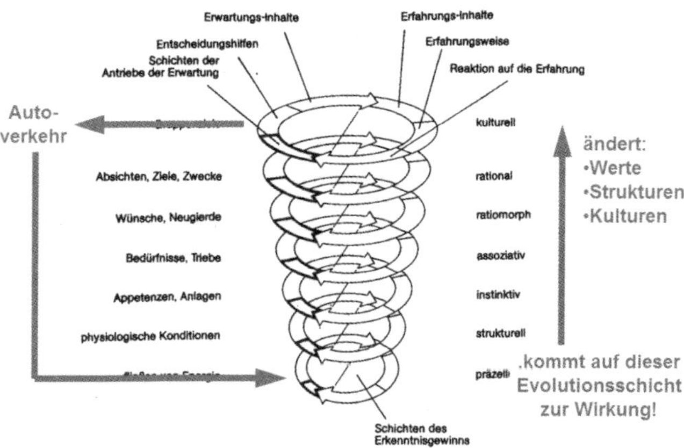

Abb. 3: Das Auto dringt in die tiefsten Schichten unseres Hirns ein und verändert von dort her unser Wertesystem, die Strukturen und die Kultur.

Ein Autolenker hingegen, der sitzend über die Fahrbahn schwebt, benötigt weniger als die Hälfte der Körperenergie eines langsamen Fußgehers und erreicht mit dem Auto, mit dem er sich identifiziert, Geschwindigkeiten jenseits der Vorstellungskraft menschlicher Gesellschaften, also Gesellschaften von Fußgängern. Seine Körperkraft vermehrt sich um das Vieltausendfache, während in den späten Evolutionsschichten, in denen die Vernunft angesiedelt ist, nichts hinzu kam, weder bei den Professoren des Verkehrswesens, den Experten, der Verwaltung, der Politik, noch in breiten Gesellschaftskreisen. Da aber alles, was wir machen, aus dem Kopf kommt, kam wie selbstverständlich eine neue Welt aus dem Kopf der automobilen Gesellschaft, nämlich eine Welt für die Autofahrer oder eine Welt für das Auto. Allein aufgrund des enormen Flächen- und Energieaufwandes und deren umweltbelastenden Wirkungen durch die Abgase und andere Schadstoffe ergibt sich die Tatsache einer nicht nachhaltigen Form von Mobilität.

Der Mensch kann allerdings offensichtlich vom Auto nicht lassen, ebenso wenig wie ein Süchtiger von seinen Drogen – die allerdings im Vergleich zum Auto noch relativ harmlos sind, wenn man sich die Verkehrsunfallopfer von 1,3 Millionen jährlich global und mehr als vier Millionen jährlich zu früh Verstorbene durch Abgase in Erinnerung ruft. Seit dieser Zeit baut der Mensch Strukturen für das Auto und ordnet diesem sein Leben unter. Die Ausgaben für das Auto sind in den westlichen Gesellschaften in der Regel um 50 % höher als die Ausgaben für die Kinder. Die Bindung zum Auto ist eine physische, tief im Unterbewusstsein, in der ältesten Schicht unserer Evolution, verankerte. Eine Lösung dieser Bindung ist daher auf späteren Schichten nicht möglich.

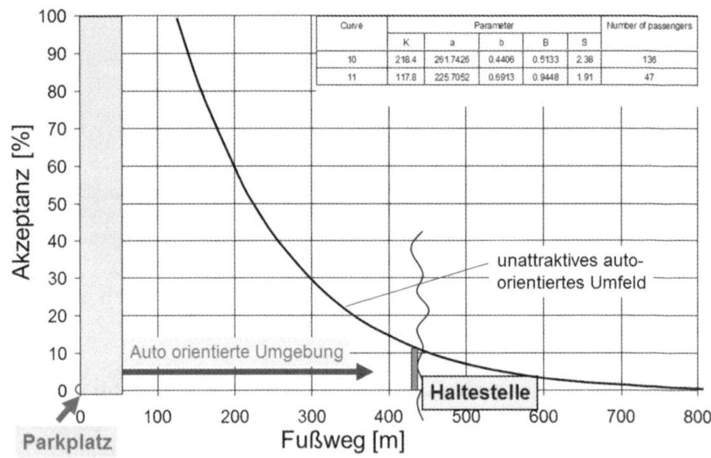

Curve	Parameter					Number of passengers
	K	a	b	B	S	
10	218.4	261.7426	0.4406	0.5133	2.38	136
11	117.8	225.7052	0.6913	0.9448	1.91	47

Abb. 4: Befinden sich die Abstellplätze an Quelle und Ziel, werden aus Menschen Autofahrer und der öffentliche Verkehr verliert seinen Markt.

Die Bemühungen der Verkehrspolitik und so genannter Verkehrsexperten, den Menschen das Autofahren durch Abgaben und andere Schikanen zu erschweren, beweisen nur, dass weder die Verkehrspolitik noch diese Art von Experten begriffen haben, womit sie es zu tun haben. Diese physische Bindung kann nur durch eine physische Trennung aufgehoben werden, und nicht durch das Quälen von Menschen, die im Auto sitzen und sich daher ungerecht behandelt fühlen, wenn sie für das durch die Strukturen erzwungene oder angeleitete Verhalten bestraft werden sollen. Die Bindung mit dem Auto entsteht durch die physische Nähe des Abstellplatzes zu den menschlichen Aktivitäten und kann daher nur aufgelöst werden, wenn diese Bindung physisch, d. h. räumlich getrennt wird.

Die Ursache für die nicht nachhaltige Mobilität von heute

Jahrzehntelang bemühte man sich darum, im Fließverkehr nach Lösungen zu suchen, ohne dabei zu erkennen, dass man sich nur mit den Symptomen und nicht mit den Ursachen beschäftigte. Die Ursache für die Bindung des Menschen an das Auto liegt in der Organisation der Abstellplätze zu menschlichen Aktivitäten und wurde 1939 durch die Reichsgaragenordnung rechtlich „zementiert". Diese schreibt nämlich vor, dass zu jeder Wohnung, Werkstätte oder sonstigen Aktivitäten ausreichend Stellplatz für die bestehende und in Zukunft zu erwartende Zahl an Fahrzeugen geschaffen werden muss. Mit dieser Bestimmung, die nach wie vor heute von nicht totalitären demokratischen Verwaltungsstrukturen und Politikern exekutiert wird, sitzt der Mensch in seiner evolutionären Falle. Eine nachhaltige Form von Mobilität ist damit nicht mehr erreichbar.

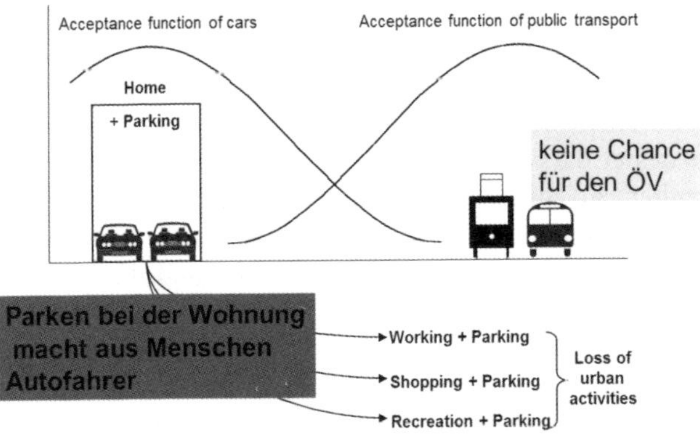

Abb. 5: Die Ursache der Verkehrsprobleme, vieler Wirtschafts- und Sozialprobleme: Abstellplätze in der Nähe.

Nachhaltige Mobilität für die Zukunft

Mobilität, d. h. Verkehrssysteme und Strukturen, kann man nicht trennen. Steht etwas verkehrt, entsteht Verkehr. Dass heute so ziemlich alles verkehrt steht, wird durch den ungemeinen Verkehrsaufwand, der betrieben werden muss, um die Zusammenhänge herzustellen, leider nur bestätigt. Dass die traditionelle Verkehrsausbildung die Probleme nicht löst, sondern lediglich verstärkt, muss in der Zwischenzeit schon jedem Laien bekannt geworden sein. Die Lösung liegt nicht im Fließverkehr, die Lösung liegt in der Organisation der Parkplätze.

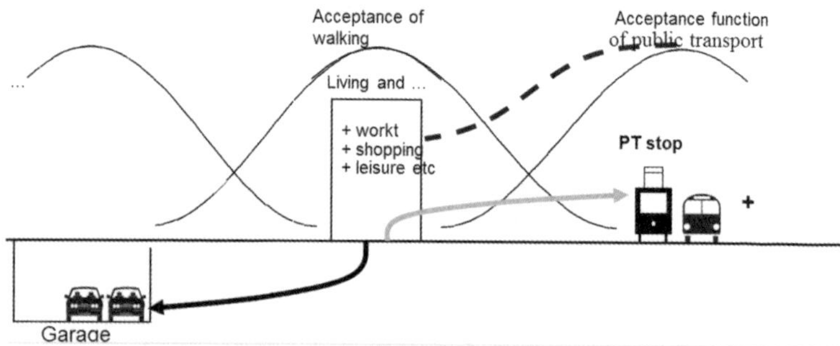

Abb. 6: Nur durch eine grundlegende Änderung der Bau- und Garagenordnungen kann man zu einer nachhaltigen Mobilität kommen.

Um den Menschen zumindest wieder die Freiheit der Verkehrsmittelwahl zwischen öffentlichem Verkehr und Auto geben zu können, müssen die Abstellplätze von allen menschlichen Aktivitäten, Wohnen, Arbeiten, Einkaufen, Freizeit mindestens genauso weit entfernt untergebracht werden wie die Haltestellen des öffentlichen Verkehrs. Praktisch bedeutet das, dass man die Autos aus den Ortschaften und aus den Städten zu entfernen hat und sie außerhalb der menschlichen Lebensräume unterbringen muss. Das bedeutet: Garagen und Abstellplätze sind am Ende der Autobahn zu bauen und die Fahrbahnen in den Siedlungen in Lebensräume umzuwandeln. Unter diesen Bedingungen muss aufgrund der Konstanz von Mobilitätszeiten und der langsamen, also menschengerechten Mobilitätsformen von Fußgängern und Radfahrern ein Prozess zu nachhaltigeren, vielfältigeren und beschäftigungsintensiveren Strukturen einsetzen mit einer Vielzahl unterschiedlicher Arbeitsplätze im fußläufigen Umfeld und einem öffentlichen Raum, in dem sich alle Sozial- und Altersschichten als Gleiche unter Gleichen bewegen können. Der Anteil des Autoverkehrs reduziert sich auf jene Funktionen, für die das Auto als Bewegungsprothese für Körperbehinderte, für den Lieferverkehr und für den Handwerks- und Arbeitsverkehr tatsächlich benötigt wird. Der Umfang dieser Mobilität im verbauten Gebiet liegt in der Größenordnung von 4–8 % der heutigen Autobewegungen und kann daher ohne Probleme in den öffentlichen Raum integriert werden. Der Energieaufwand dieser intelligenten Mobilitätsstruktur und Wirtschaftsorganisation kann um mindestens zwei Zehnerpotenzen reduziert werden bei gleichzeitiger Zunahme der Lebensqualität, allerdings Machtverlusten der Konzerne und der zentralistischen Strukturen. Der Reichtum der Kommunalverwaltungen steigt dadurch zwangsläufig, weil die Wertschöpfung innerhalb der Kommunalgrenzen bleibt, anstatt wie dies heute der Fall ist, über diese abzufließen. (Nicht vergessen darf man in dem Zusammenhang auch die Kontrolle der elektronischen Verkehrssysteme und der räuberischen Banden, die sich ihrer bemächtigt haben.)

Voraussetzung für eine nachhaltige Verkehrsstruktur ist die Wiedergewinnung der menschlichen Freiheit im Bereich der Mobilität. Praktisch bedeutet dies eine Änderung der Bauordnungen. Abstellplätze müssen außerhalb der Siedlungsräume, zumindest ebenso weit entfernt wie die Haltestellen attraktiver, regelmäßig verkehrender öffentlicher Verkehrsmittel untergebracht werden. Wer auf Abstellplätze in der Nähe beharrt, hat für die daraus resultierenden Folgewirkungen adäquate Abgaben an die Gesellschaft, die er damit belastet, zu leisten. Als Basis kann die Zeitkarte des öffentlichen Verkehrs herangezogen werden. Wer daher ein Auto besitzt und dieses außerhalb der Ballungsräume unterbringt, wird ohnehin eine Zeitkarte des öffentlichen Verkehrs benötigen, um die Garagen seiner individuellen technischen Verkehrsmittel aufzusuchen. Wer sein Auto zu Hause abstellt oder darauf besteht, zahlt entsprechend der Entfernung zu den systemkonformen Abstellplätzen das Vielfache einer Jahreskarte des öffentlichen Verkehrs, erhält jedoch nur eine. Das gleiche gilt auch für Betriebsstätten, Einkaufsmöglichkeiten etc..

Diese Regelung zeigt, wie viel Geld heute „auf der Straße" liegt, weil die Kommunen es verabsäumt haben, für eine nachhaltige Mobilität der Bevölkerung zu sorgen, und nicht erkannt haben, wie diese durch den individuellen Autobesitz und die Art der Benutzung, wie sie vorgeschrieben wird, zerstört wurde. Diese Regelung ist selbststabilisierend, weil die finanziellen Belastungen in dem Ausmaß verschwinden, in dem das System sich wieder menschengerecht umstrukturiert.

Es handelt sich nicht um eine Rückkehr in die Vergangenheit oder Nostalgie, sondern um einen echten Fortschritt hin zu einer menschlichen Gesellschaft, die technische Systeme beherrscht, anstatt sich von ihnen beherrschen zu lassen. Dass dies funktioniert und die wissenschaftlichen Grundlagen solide und überprüfbar sind, beweisen immer mehr Städte, die diese Prinzipien begonnen haben in der Praxis umzusetzen.

Literatur

Knoflacher, H. (1987): Verkehrsplanung für den Menschen. Band 1: Grundstrukturen, Wien.

Knoflacher, H. (1995): Fußgeher- und Fahrradverkehr. Planungsprinzipien. Wien/Köln/Weimar.

Knoflacher, H. (1996): Zur Harmonie von Stadt und Verkehr. Freiheit vom Zwang zum Autofahren. Zweite verbesserte und erweiterte Auflage, Wien/Köln/Weimar.

Knoflacher, H. (1997): Landschaft ohne Autobahnen. Für eine zukunftsorientierte Verkehrsplanung, Wien/Köln/Weimar.

Knoflacher, H. (2001): Stehzeuge. Der Stau ist kein Verkehrsproblem, Wien.

Knoflacher, H. (2007): Grundlagen der Verkehrs- und Siedlungsplanung, Bd. 1: Verkehrsplanung. (2009): Bd. 2: Siedlungsplanung, Wien - Köln - Weimar.

Knoflacher, H. (2009): Virus Auto. Die Geschichte einer Zerstörung, Berlin.

Knoflacher, H. (2013): Zurück zur Mobilität, Berlin.

Detlef Kurth

Nachhaltige Stadtentwicklung – die europäische Stadt als Basis für ein generationsgerechtes Entwicklungsmodell

„Jede Stadt, wie Laudomia, hat neben sich eine andere Stadt: Es ist das Laudomia der Toten, der Friedhof. Doch es ist Laudomias besondere Eigenschaft, nicht nur doppelt, sondern dreifach zu sein, das heißt, ein drittes Laudomia mit einzuschließen, das der noch nicht Geborenen. (...) Die Lebenden Laudomias besuchen die Wohnung der Ungeborenen und befragen sie; die Schritte hallen in den leeren Gewölben; die Fragen werden stumm formuliert; und immer nach sich selbst fragen die Lebenden und nicht nach denen, die kommen werden“ (Calvino 1985, 162).

Die europäische Stadt als nachhaltiges Stadtmodell

Für den Begriff der Nachhaltigkeit gibt es verschiedene Definitionsansätze, letztlich basiert er auf dem magischen Dreieck einer ausgewogenen sozialen, ökologischen und ökonomischen Verantwortung für eine ressourcenschonende und generationsgerechte Entwicklung. Es geht also darum, wie Calvinos Metapher über Laudomia zeigt, dass wir nicht nur in der Gegenwart leben und der Vergangenheit gedenken, sondern dass wir in unserem Handeln auch immer an die Ungeborenen, an die folgenden Generationen denken müssen. Dieses Befragen der Zukunft (und nicht nur nach sich selbst), ist eine originäre Aufgabe der Profession der Stadt- und Regionalplanung, in der Zukunftskonzepte für Städte und Regionen erarbeitet werden. Im Nachhaltigkeits-Dreieck fehlt aber die baukulturelle Dimension, unser bauliches Erbe, in dem unsere kulturelle Leistung, aber auch die „graue Energie“ manifestiert sind. Eine nachhaltige Stadtentwicklung sollte sich also explizit mit der Zukunftsplanung beschäftigen, und sie sollte die Baukultur und das bauliche Erbe als Grundlage aufgreifen.

In Hinblick auf eine nachhaltige Entwicklung sollten außerdem die drei Handlungsansätze Effizienz, Suffizienz und Konsistenz gleichwertig betrachtet werden. Die Nachhaltigkeits-Diskussion wird aber aufgrund der Energiewende von Effizienzmaßnahmen wie Energieeinsparung oder regenerative Energieversorgung mit Hilfe von neuen Technologien dominiert. Ergänzend gibt es eine verstärkte Suffizienz-Diskussion, bei der das Nutzerverhalten und die Konsumbeschränkung eine große Rolle spielen (vgl. Schneidewind/Zahrnt 2013). Konsistenz im Sinne von Dauerhaftigkeit wird vor allem bei der Frage der Obsoleszenz von Produkten diskutiert, aber selten auf das bauliche Erbe bezogen.

Die Frage ist, wie sich der Nachhaltigkeitsansatz auf die städtische Dimension übertragen lässt. Städte sind komplexe Systeme aus Bauten, Ensembles, Infrastruktur und sozialen Netzwerken, die sich in vielen Bereichen technisch effizienter gestalten, sich aber nicht einfach wie eine Glühbirne „umschalten" lassen. Jede technische Änderung hat auch soziale und ökonomische Auswirkungen, die teilweise kontraproduktiv wirken können. Die Städte verursachen aufgrund ihrer Dichte spezifische Ressourcenverbräuche und Umweltbelastungen, sie können aber auch aufgrund von Synergieeffekten und ihrer Kompaktheit äußerst effiziente und suffiziente Lebensmodelle unterstützen. Die Frage der Konsistenz versus Obsoleszenz stellt sich auch zunehmend für Gebäude – waren die Städte der letzten Jahrhunderte auf Dauerhaftigkeit und Pflege angelegt, haben moderne Geschäftsbauten häufig nur noch eine kurze Abschreibungsfrist von wenigen Jahrzehnten – mit entsprechenden Konsequenzen für den Ressourcenverbrauch und die Stadtgestalt. Die Ausgangsthese ist, dass die historisch kompakt entstandene, gemischte europäische Stadt bereits zahlreiche Elemente einer dauerhaften Nachhaltigkeitsstrategie – basierend vor allem auf Suffizienz und Konsistenz – enthält, die es sozial und ökonomisch verträglich weiterzuentwickeln gilt; hierbei sollten Effizienzmaßnahmen ergänzend, aber nicht ersetzend wirken.

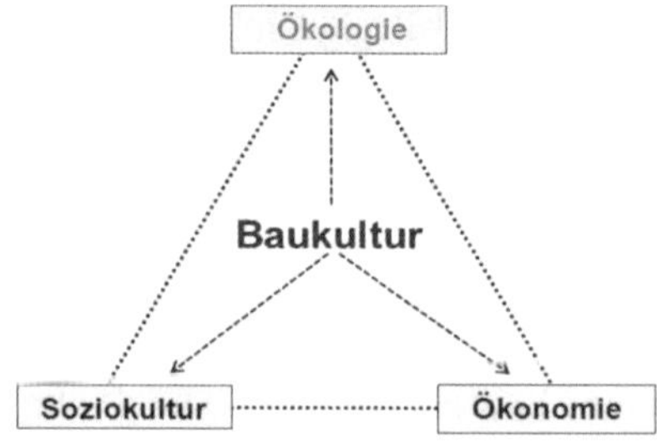

Abb: Baukultur als Teil des Nachhaltigkeits-Dreiecks (Quelle: HFT Stuttgart)

Kontinuitäten der Europäischen Stadt

Die europäische Stadt weist seit dem Mittelalter große Kontinuitäten mit Wurzeln bis in die römische Zeit auf. Dieses Stadtmodell ist historisch geprägt durch den Markt, die Kirche, das Rathaus, die Stadtmauer und die Bürgerhäuser, häufig verknüpft mit kommunaler Selbstverwaltung und wirtschaftlicher Freiheit. Sie war ein geschützter Raum für die Entwicklung eines bürgerlichen, subsidiären, häufig demokratisch legitimierten Gemeinwesens, das sich entsprechend im Städtebau widerspiegelt. Die europäische Stadt kann spätestens seit dem 19. Jahrhundert zunehmend auch als ein Gesellschaftsmodell verstanden werden, in dem sich die bürgerliche Gesellschaft etabliert und vom Absolutismus emanzipiert hat. Dieses Stadtmodell beinhaltet auch ein Emanzipationsversprechen, das Demokratie, Säkularismus, Freiheit, Markt, Öffentlichkeit, Privatheit und Toleranz verbindet (vgl. Siebel 2004). Diese „Europäische Stadt" weist große stadtstrukturelle Kontinuitäten auf:

- die Parzelle als Grundeinheit,
- Geordnete Baustruktur mit Straßenfluchtlinien,
- Kompakte, funktional und sozial gemischte Strukturen,
- Gestaltungswillen und regionale Baukultur,
- Gestalteten und zugänglichen öffentlichen Raum,
- Markt und die Kirche als Zentrum.

Abb: Kontinuität des Stadtgrundrisses von Freiburg nach Zerstörung und Wiederaufbau (Quelle: eigene Darstellung)

Leitbild-Wandel der europäischen Stadt

Im 20. Jahrhundert geriet dieses Stadtmodell sowohl baulich als auch gesellschaftlich in Bedrängnis. Mit dem Leitbild der baulichen Moderne – manifestiert in der Charta von Athen 1933 – wurde die bestehende Stadt in Frage gestellt und sollte durch funktional und sozial getrennte Großstrukturen ersetzt werden. Ziel war es, autogerechte Stadtlandschaften und entdichtete Siedlungskörper zu realisieren, auch in den Innenstädten. Außerdem bedrohten totalitäre Gesellschaftsstrukturen, aber auch Kriege das baukulturelle und soziale Erbe. In der Nachkriegszeit prägten vor allem der autogerechte Wiederaufbau und die Suburbanisierung das Stadtbild, viele Wohnsiedlungen und Gewerbegebiete wurden in die Peripherie verlagert.

Seit den 1970er Jahren gab es eine zunehmende Kritik an der Abrisspolitik in der Nachkriegsmoderne, es kam zu einer Rückbesinnung auf das bauliche und soziokulturelle Erbe der europäischen Stadt. Mit Stadterneuerungsmaßnahmen und Innenentwicklungsprojekten wurde die innere Stadt wieder aufgewertet. Beispielhaft in der Internationalen Bauausstellung (IBA) Berlin-Kreuzberg erprobt, wurden das baukulturelle Erbe behutsam modernisiert und die bestehenden Nachbarschaften und deren Milieus geschützt.

Diese Ansätze mündeten im EU-Beschluss für die „Leipzig-Charta" von 2007 (vgl. BMVBS 2007). In ihr wird – programmatisch in Abgrenzung zur Charta von Athen 1933 – die Idee der „Europäischen Stadt" als nachhaltiges Siedlungsmodell, soziale Integrationsmaschine und als globaler Wirtschaftsfaktor propagiert. Als wichtige Stadtentwicklungsziele zur Weiterentwicklung der historischen europäischen Stadt werden formuliert:

- kompakte, dichte Baustrukturen;
- Nutzungsmischung;
- stadtverträglicher Verkehr;
- zivilgesellschaftliche Strukturen;
- Klimagerechtigkeit.

Diese übergeordneten, stadt- und quartiersweiten Ziele beziehen sich auf das gesamte bauliche Erbe, einschließlich des modernen Städtebaus, und sie korrespondieren mit den Zielen der Nachhaltigkeit – eine kompakte, gemischte und autoarme Stadtstruktur reduziert Verkehrswege, vermindert Emissionen und ermöglicht suffiziente Lebensstile (vgl. Lampugnani 1995).

Herausforderungen für die nachhaltige Stadtentwicklung

Die europäische Stadt war immer wieder großen gesellschaftlichen, sozialen, ökonomischen und ökologischen Herausforderungen ausgesetzt. Angesichts dessen hat sie eine hohe bauliche und sozioökonomische Kontinuität bewiesen. Zurzeit wird die europäische Stadt insbesondere mit folgenden Herausforderungen konfrontiert (vgl. Schaubild):

- Klimawandel;
- demographischer Wandel;
- soziale Segregation;
- Finanzkrise/Strukturwandel;
- Partizipation der Zivilgesellschaft.

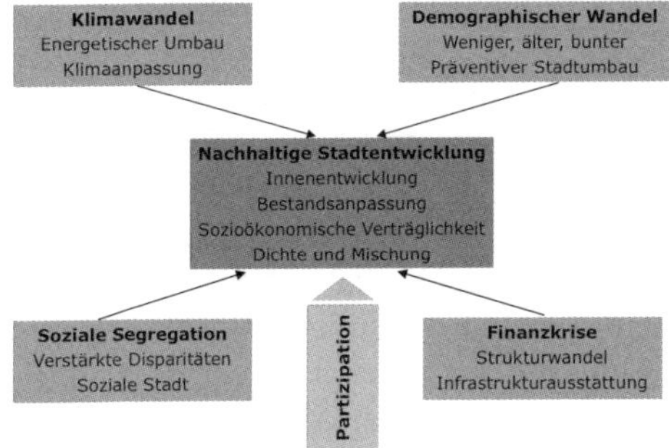

Abb.: Herausforderungen für die nachhaltige Stadtentwicklung (Quelle: eigene Darstellung)

Herausforderung „Klimawandel"

Die Herausforderung des Klimawandels umfasst Maßnahmen des Klimaschutzes (Mitigation) und der Klimaanpassung (Adaptation). Beim Klimaschutz wird vor allem nach Lösungen zur CO_2-Reduktion im Verkehr sowie im Gebäudebestand und zum Ausbau erneuerbarer Energien gesucht. Die von der Energieeinsparverordnung (EnEV) verlangten Energiestandards erfordern erhebliche energetische Modernisierungen im Gebäudebestand, teilweise wird durch die Außendämmung die Fassadengestaltung stark beeinträchtigt. Gleichzeitig wird über das Erneuerbare Energien-Gesetz (EEG) die dezentrale Erzeugung von erneuerbarer Energie, z. B. durch Solaranlagen oder Geothermie, gefördert.

Für die Klimaanpassung an prognostizierte Extremwetterereignisse und Temperaturanstiege sind dagegen eher Maßnahmen wie Frischluftschneisen, Begrünung, Entwässerung und Hochwasserschutz relevant. Diese können den Zielen des Klimaschutzes sowie auch der europäischen Stadt entgegenstehen, z. B. bei Fragen der Dichte und Kompaktheit von Stadtstrukturen. Nahezu jede größere Stadt hat inzwischen ein Klimakonzept erstellt, in dem jedoch meist die Aussagen zum Klimaschutz überwiegen. Nach einer Startphase mit eher individualistischen und technischen Ansätzen zum Klimaschutz werden nun zunehmend Quartierskonzepte und klar voneinander abgegrenzte zentrale und dezentrale Lösungen erforderlich.

Herausforderung „Demographischer Wandel"

Aufgrund des demographischen Wandels werden wir weniger, älter und bunter: Die Geburtenrate ist seit den 1970er Jahren zu gering, die Anzahl der Alten an der Bevölkerung steigt kontinuierlich, und es werden zunehmend junge Zuwanderer benötigt. Aber auch der Strukturwandel in vielen Städten Ostdeutschlands oder in altindustriellen Regionen wie dem Ruhrgebiet führt zu Einwohnerverlusten und Gewerbebrachen. Aufgrund des demographischen Wandels besteht die Gefahr, dass Kinder immer mehr aus dem Stadtbild verschwinden und in abgezäunten Wohnanlagen und Spielbereichen isoliert werden. Zugleich steigt der Bedarf an „altengerechten Wohnungen", insbesondere für verarmte Ältere besteht die Gefahr, sich künftig in benachteiligten Wohngebieten oder Pflegeanstalten zu konzentrieren. Außerdem werden zunehmend Wohnungen in strukturschwachen Städten leer stehen – wie bereits jetzt in Ostdeutschland –, oder sie müssen für die neuen Wohnungsansprüche der demographisch veränderten Bevölkerung stark umgebaut werden.

Dies alles hat enorme Auswirkungen auf die Stadtstrukturen, es müssen zunehmend Planungen für stagnierende oder schrumpfende Städte erfolgen. Diese demographische Entwicklung birgt auch eine gesellschaftliche Sprengkraft: Segregation in den Städten könnte künftig weniger auf der Spaltung von Arm und Reich basieren, sondern von Jung und Alt. Die Parlamente und Entscheidungsträger werden zunehmend durch „Ältere" dominiert, die ihre Interessen verstärkt durchsetzen möchten – wogegen sich wiederum stärkere außerparlamentarische oder „virtuelle" Initiativen gründen könnten.

Herausforderung „Soziale Segregation"

Basierend auf den demographischen und den ökonomischen Veränderungen nimmt die soziale Segregation in vielen Städten hinsichtlich Alter, Bildungsstatus, Migrationshintergrund und Einkommen zu. In sogenannten „benachteiligten" Stadtquartieren konzentrieren sich ärmere Einwohnergruppen, häufig verknüpft mit hohem Migrantenanteil und schlechteren Bildungschancen. Für diese Quartiere gibt es Stadterneuerungsprogramme wie die „Soziale Stadt", bei denen in integrierten Ansätzen versucht wird, den Benachteiligungen entgegenzuwirken. Diese benachteiligten Stadtquartiere müssten auch gezielt in Hinblick auf nachhaltige Entwicklung angesprochen werden.

Zugleich verändern sich die Familienstrukturen im starken Maße, es gibt immer weniger Familien, die Zahl der Single-Haushalte liegt in vielen Städten bei 50–70 %. Soziale Distinktion erfolgt aber auch immer mehr aufgrund des Bildungsstatus; Eltern stehen in Konkurrenz um die scheinbar beste Schulbildung für ihre Kinder, Städte stehen im Wettbewerb um die Eltern. Dies führt zu veränderten Wohnpräferenzen, Haushaltsstrukturen und Wohnbedürfnissen. Maßnahmen einer nachhaltigen Politik müssen an sich stark verändernde und sich polarisierende Sozialraumstrukturen angepasst werden.

Herausforderung „Finanzkrise/Strukturwandel"

Die Finanzkrise von 2008 hat gezeigt, wie labil die staatlichen Finanzsysteme sind. Außerdem hat die Verschuldung der öffentlichen Haushalte in den meisten Städten weiter zugenommen, viele Städte stehen sogar unter Haushaltsaufsicht und dürfen nur Pflichtaufgaben wahrnehmen. Insbesondere in Städten mit ökonomischem Strukturwandel, wie in den Städten des Ruhrgebiets, des Saarlandes oder der Niederlausitz, fallen Arbeitsplätze weg, gehen Steuereinnahmen zurück und wandern Bürger ab – hier kann kaum noch die grundlegende Infrastruktur aufrechterhalten werden.

Strukturwandel und Finanznot der Städte haben negative Auswirkungen auf den Zustand der städtischen Infrastruktur, aber auch auf die personellen Kapazitäten für Pflege und Unterhaltung. Hier sind regionale Finanzausgleiche und Kooperationsmodelle erforderlich. Zugleich verfolgen Städte mit hohen Steuereinnahmen das Ziel eines ausgeglichenen Haushalts, um künftige Generationen nicht mit Schulden zu belasten.

Herausforderung „Partizipation“

Die Akteure in Politik und Verwaltung müssen ihr Handeln viel stärker als früher gegenüber der Bürgerschaft über die repräsentative Demokratie hinaus legitimieren. Nicht erst die Auseinandersetzung um Stuttgart 21 hat gezeigt, dass jedes Neubauprojekt, jede Bestandserneuerung von den Bewohnern kritisch hinterfragt wird, dass Standortentscheidungen sorgfältig abgewogen werden müssen. Im Unterschied zu den 1968er und 1980er Bewegungen organisieren sich heute vor allem Mittelschichten im mittleren Alter und Senioren mit großem Zeitbudget in Protestbewegungen. Globale Anliegen werden häufig mit partikularen Nachbarschaftsschutz-Interessen kombiniert. Auch wird immer häufiger die Haltung „Not in my backyard“ demonstriert, bei der im Grunde konsensfähige Projekte von den unmittelbaren Nachbarn als störend abgelehnt werden. Den kommunalen Parlamenten gelingt es von daher immer weniger, übergeordnete und langfristige Strategien umzusetzen, neue Formen der Beteiligung und der Zivilgesellschaft werden erforderlich.

Zugleich entstehen in unbeobachteten virtuellen Räumen neue Formen von Engagement und Netzwerkarbeit, insbesondere der jüngeren Generation. Soziale Netzwerke in Verbindung mit Ortungsdiensten und die Kombination von realer und virtueller Welt führen zu einer neuen Raumwahrnehmung und anderen Organisations- und Mitwirkungsmöglichkeiten, die sich kanalisieren und äußern.

In der Diskussion um die nachhaltige Stadtentwicklung, insbesondere hinsichtlich des Klimawandels, zeichnen sich zunehmend Konflikte zwischen „Nachhaltigkeits-Calvinisten“, welche die nötige Wende ggf. auch per Zwang und Verhaltenscodes durchsetzen wollen, und „Nachhaltigkeits-Liberalen“, die dagegen ihre Wahlfreiheit und Emanzipation aufrechterhalten halten wollen, ab. Peter Sloterdijk sagte in seiner Rede auf dem Klimagipfel Kopenhagen (vgl. Sloterdijk 2009), dass die Meteorologen immer stärker in der Rolle von Reformatoren auftreten, in der sie einen ökologischen Calvinismus, eine neue Bescheidenheit verkünden. Damit ist aber das Ende des kinetischen Expressionismus und die Frage verbunden, ob das Emanzipationsversprechen der bisherigen expressionistischen Zivilisation – verkörpert in der europäischen Stadt – aufrechterhalten werden kann.

Strategie der nachhaltigen Stadtentwicklungsplanung

Stadtplanung im Sinne des Leitbilds der europäischen Stadt bedeutet Zukunftsplanung für die kommenden Generationen, also für eine nachhaltige Stadtentwicklung. Mit dem Instrument der integrierten Stadtentwicklungsplanung kann auf die Herausforderungen für eine nachhaltige Stadtentwicklung reagiert werden. Vorbereitend zu einem Flächennutzungsplan und weiteren Fachplänen können hier langfristig wirkende Zukunftskonzepte und Umsetzungsstrategien entwickelt werden. Da der Stadtentwicklungsplan kein formales Instrument wie die Bauleitplanung nach Baugesetzbuch ist, kann über Bürgerwerkstätten und Öffentlichkeitsarbeit ein bürgernahes, partizipatives Vorgehen gewählt werden, so dass die Bürgerschaft in die Erarbeitung der Ziele eingebunden ist. Die formulierten Leitziele können somit zu einer Selbstbindung der Bürgerschaft, gemeinsam mit der Stadtverwaltung und dem Gemeinderat, führen, um die Herausforderungen der Stadt gemeinsam zu bewältigen.

Meist wird dafür ein Ansatz gewählt, in dem fachplanerische Analysen mit einem partizipativen Moderationsprozess gekoppelt werden. Dieser beinhaltet interne Vorarbeiten, offene Bürgerwerkstätten zur Stärken-Schwächen-Analyse und zur Leitbildentwicklung sowie eine Dokumentation der Ergebnisse. Wichtige Voraussetzungen für einen solchen nachhaltigen und integrierten Stadtentwicklungsprozess sind:

- Bezug zu lokalen Agenda 21-Gruppen
- Verständigung über Indikatoren und Ziele der Nachhaltigkeit;
- Profilierung der Stadtidentität;
- Leitlinien/Entwicklungskorridore statt festgefügter Leitbilder;
- ressortübergreifende Planung;
- Abwägung unterschiedlicher sektoraler sowie privater und öffentlicher Interessen;
- prozesshafter Ansatz statt festgefügter Verfahren;
- Bürger-Werkstätten mit intensiver Beteiligung.

Nachhaltige Stadtentwicklung kann einen wichtigen Beitrag für eine dauerhafte Umsetzung der Nachhaltigkeitsziele leisten. Auf Grundlage eines Stadtentwicklungskonzeptes und unter aktiver Mitwirkung der Bürger kann ein Nachhaltigkeitsmanagement zur künftigen Gestaltung der Kommune entwickelt werden, um auf die derzeitigen Herausforderungen zu reagieren. Dabei sollten klimatische Belange mit sozialen, ökonomischen, baukulturellen und ökologischen Belangen gleichwertig abgewogen werden. Außerdem ist es wichtig, neben den Effizienzansätzen auch Ansätze der Konsistenz im Sinne von dauerhaften Stadtstrukturen und der Suffizienz im Sinne von sozialem Ausgleich und zivilgesellschaftlichem Engagement für die Nachhaltigkeit zu verfolgen.

Planungsebenen	**Effizienz**	**Konsistenz**	**Suffizienz**
Stadtentwicklung	Regulierende Planung Sanierungsschwerpunkte Technische Optimierung Ressourceneffizienz	Dauerhaftigkeit Resilienz Baukultur Stadtidentität	Kompaktheit Dichte Soziale Mischung Einsparung
Quartierskonzepte	Quartiersbilanzen Prioritätensetzungen Versorgungssysteme	Ensembleschutz Gestaltungsregeln Resiliente Quartiere	Nachbarschaft Sozialer Ausgleich Subsidiarität Nutzungsmischung
Gebäude	Gebäudeeffizienz Gebäudetechnik Versorgungssysteme	Graue Energie Instandhaltung Pflege	Nutzerverhalten Sparsamkeit Zivilgesellschaft

Abb: Drei Handlungsfelder einer nachhaltigen Stadtentwicklung (Quelle: eigene Darstellung)

Literatur

Bundesministerium für Umwelt, Naturschutz, Bau und Reaktorsicherheit (BMUB) (2014): Barockes Innenstadtquartier – energetisches und nachhaltiges Quartierskonzept. Stadt Ludwigsburg mit Ludwigsburger Energieagentur und Hochschule für Technik Stuttgart.

Bundesministerium für Bildung und Forschung (BMBF) (2013): Zukunftswerkstadt Ludwigsburg: http://www.zukunftsprojekt-erde.de/mitmachen/zukunftswerkstadt.html.

Bundesministerium für Verkehr, Bau und Stadtentwicklung (BMVBS) (2013): Die besonders erhaltenswerte Bausubstanz in der integrierten Stadtentwicklung, Berlin.

Bundesministerium für Verkehr, Bau und Stadtentwicklung (BMVBS) (2007): Leipzig Charta, Berlin.

Calvino, I. (1985): Die unsichtbaren Städte, München.

Eicker, U. / Huppenberger, Heiko / Kurth, Detlef / Monien, Dirk: Energieleitplanung im Städtebau. In: PlanerIn 6-2012. Vereinigung für Stadt-, Regional- und Landesplanung, S. 23–25.

Internationale Energieagentur (IEA)/Stadt Ludwigsburg/Hochschule für Technik Stuttgart (Hg.) (2010): Case Study Energy Efficient City Ludwigsburg. Gefördert vom Bundesministerium für Bildung und Forschung (BMBF), Ludwigsburg.

Kurth, D. (2012a): Kommunale Klimaschutz- und Energieversorgungskonzepte als Teil einer Klimaleitplanung. In: Umweltbundesamt (Hg.), Klimaschutz in der räumlichen Planung, Dessau, S. 25–27.

Kurth, D. (2012b): Sustainable Governance – das Ludwigsburger Modell. In: Rapp, S. (Hg.), Mediation. Kompetent, kommunikativ, konkret, Ludwigsburg, S. 120–129.

Lampugnani, V. (1995): Die Modernität des Dauerhaften, Berlin.

Ministerium für Umwelt Baden-Württemberg 2012: Klimaneutrale Kommune Baden-Württemberg: http://www.um.baden-wuerttemberg.de/servlet/is/91920/

Mörsch, G. (1998): Nachhaltigkeit und Pflege, in: Mineralfarben. Beiträge zur Geschichte und Restaurierung von Fassadenmalereien und Anstrichen. Veröffentlichungen des Instituts für Denkmalpflege an der ETH Zürich, Bd. 19, Zürich, S. 205–213.

Oberste Baubehörde (2011): Leitfaden Energienutzungsplan. Bayerisches Staatsministerium für Umwelt und Gesundheit, Bayerisches Staatsministerium für Wirtschaft, Infrastruktur, Verkehr und Technologie, Oberste Baubehörde im Bayerischen Staatsministerium des Innern, München.

Schneidewind, U. / Zahrnt, A. (2013): Damit ein gutes Leben einfacher wird. München.

Siebel, W. (2004): Einleitung: Die Europäische Stadt. In: Siebel, Walter (Hg.), Die Europäische Stadt, Frankfurt a. M., S. 11–45.

Sloterdijk, P. (2009): Wie groß ist „groß"? Rede auf dem Klimagipfel Kopenhagen.

Spec, W. (2010): Konzept: Chancen für Ludwigsburg. Eine Kommune auf dem Weg zur nachhaltigen Stadtentwicklung. In: Planerin 02/2010, S. 25–28.

Stadt Ludwigsburg und Zentrum für Angewandte Forschung an Fachhochschulen Nachhaltige Energietechnik – zafh.net 2010: Fallstudie Energieeffiziente Stadt Ludwigsburg. Programm Annex 51 – Energieeffiziente Städte. http://www.hft-stuttgart.de/Forschung/Kompetenzen/zafh/Publikationen/publikationen_download/2010/Ludwigsburg_ZAFH_Projektbericht_Case_Study_2010.pdf.

Franz-Theo Gottwald / Isabel Boergen

Wandel zur Nachhaltigkeit: Hotspot Ernährung

Welt im Wandel: Hotspot Land- und Lebensmittelwirtschaft

Die Landwirtschaft hat im Zuge der Industrialisierung und Globalisierung einen grundlegenden Wandel erfahren: von der Produktion von Lebensmitteln für lokale Gemeinschaften hin zu einem global vernetzten, in vielen Teilen automatisierten und ökonomisch rationalisierten Wirtschaftszweig (Gottwald 2012, 149). Der westliche Ernährungsstil ist zunehmend an Convenience-Produkten bzw. industriell hoch verarbeiteten Nahrungsmitteln orientiert. Er verschlingt große Mengen an Ressourcen, deren Bedarf in Zukunft immer schwieriger zu decken sein wird. Die Industrienationen haben daher weite Teile der Futter- und Lebensmittelproduktion wie auch der Verarbeitung in Länder verlagert, in denen (noch) fruchtbares Land verfügbar ist, Arbeitskraft billig und Sozial- und Umweltstandards möglichst niedrig sind.

Schon heute sind viele der täglichen Lebensmittel bzw. ihre Zutaten weit gereist. 2012 etwa wurde eine beispiellose Krankheitswelle mit mehr als 11 000 erkrankten Kindern ausgelöst – vermutlich durch mit Noroviren verseuchte Erdbeeren. Diese Erdbeeren aus dem Osten Chinas waren vier Wochen unterwegs, ehe sie schließlich in Norddeutschland ankamen und dort verarbeitet wurden. Auch das viel zitierte globale Huhn ist ein Auswuchs der modernen Ernährungswirtschaft: Zehntausende Tonnen Hähnchenteile werden jährlich aus aller Welt nach Ghana verschifft. Hauptlieferanten sind die „Hühnernationen" Brasilien und Thailand, aber auch China, die USA und die EU. Die Billigware, die in den brustfiletverwöhnten Industrienationen niemand essen mag, überschwemmt die lokalen Märkte und zerstört die gesamte Infrastruktur vor Ort: Farmer, Schlachter, Rupfer, Händler – sie alle stehen angesichts der massenhaften Billigkonkurrenz aus Übersee vor schwerwiegenden Problemen (vgl. Mari & Buntzel 2007, 97ff.).

Es gibt zahlreiche weitere Beispiele, die die Absurdität der globalisierten Welt der modernen Ernährung spiegeln. Während die Menschen in weiten Teilen der Welt nicht einmal die einfachsten Grundnahrungsmittel zur Verfügung haben, sterben in den Industrienationen immer mehr Menschen an den Folgen ihrer ungesunden Lebensweise: zu viel, zu fett, zu zuckrig, zu wenig Frisches (vgl. Akbaraly et al. 2013). Ressourcen wie fruchtbare Böden, Wasser, aber auch Energie und genetische Ressourcen verknappen sich kontinuierlich, und was verfügbar ist, wird ökonomisiert, privatisiert, patentiert. Diese Umwertung von Leben zu einem Handelsgut findet in der so genannten „Bioökonomie" ihren Ausdruck, die derzeit von Seiten der Industrie und Politik vehement vorangetrieben wird (Gottwald & Krätzer 2014, 8).

Heute kontrollieren drei Global Player, Monsanto, DuPont und Syngenta, mehr als 50 Prozent des gesamten Saatgutmarktes. Dieses Oligopol ist Ergebnis einer beispiellosen Welle an Übernahmen und Fusionen. Saatgut, die Wiege der menschlichen Ernährung, ist in Händen einiger weniger Konzerne – es ist kaum verwunderlich, dass immer mehr Menschen Sturm laufen gegen diese beunruhigende Entwicklung. Auch bei den Pestizidherstellern hat es in den vergangenen Jahren eine zunehmende Konzentration gegeben: Knapp die Hälfte des globalen Marktes mit einem geschätzten Umsatzvolumen von 44 Milliarden US-Dollar wird von den drei Chemiekonzernen Syngenta, Bayer CropScience und BASF beherrscht. Viele der Pestizidhersteller sind zugleich auch an der Entwicklung und Herstellung von Saatgut beteiligt. In der verarbeitenden Lebensmittelindustrie bietet sich ein ähnliches Bild: Hier haben die Top Ten einen Anteil von 28 Prozent; angesichts des Jahresumsatzes von insgesamt 1,3 Billionen US-Dollar immer noch ein lukrativer Anteil (vgl. Erklärung von Bern 2013, 15).

Diese fortschreitende Konzentration und Spezialisierung findet sich ebenso in der Urproduktion. Der bäuerliche Hof von einst, der klassische Mischbetrieb, der über Generationen hinweg vererbt wird, ist in den Industrienationen nahezu ausgestorben. Der moderne Landwirt ist weniger Bauer als vielmehr Betriebswirt, der ein hoch spezialisiertes und technisch aufgerüstetes Unternehmen führt. Spezialisierung, Automatisierung und Wachstum sind die neuen Leitwerte, die Vielfalt und Verwurzelung längst abgelöst haben. Die mit der Landwirtschaft ursprünglich verbundenen Werte wie Heimat, Tradition, Sicherheit, Dauerhaftigkeit, Zuverlässigkeit, Überschaubarkeit, Nähe und Gemeinschaft wurden in den vergangenen Jahrzehnten zunehmend ökonomischen Zwängen geopfert – damit haben die weitreichenden Konsequenzen der globalisierten Märkte für Mensch, Tier und Umwelt den Lebensmitteln gewissermaßen ihre Unschuld geraubt (Gottwald 2012, 149).

Aber es gibt auch Alternativen. Produktions-, Verarbeitungs- und Vermarktungsansätze wie bio, fair und regional finden zunehmend Ausdruck in organisierten Gegenbewegungen wie LOHAS (**L**ifestyle of **H**ealth **a**nd **S**ustainability), Slow Food, der Arbeitsgemeinschaft Bäuerlicher Landwirtschaft e.V. oder dem breiten Bündnis „Wir haben es satt!". Ihnen allen gemein ist die Forderung nach einem Wandel zu mehr Nachhaltigkeit für die Produktion und Verarbeitung von Lebensmitteln. So sind Lebensmittel nicht zuletzt aufgrund der vielfältigen ökologischen und sozialen Implikationen zu moralisch aufgeladenen Gütern geworden (ebd.).

Wenig nachhaltig: Industrielle Lebensmittel tierischer Herkunft

Insbesondere die Produktion von Lebensmitteln tierischer Herkunft provoziert die Forderung nach mehr Nachhaltigkeit. Dieser Produktionszweig hat eine Fülle sehr weitreichender Implikationen für Mensch, Tier und Umwelt. Weltweit werden jährlich 300 Millionen Tonnen Fleisch produziert. 90 Prozent davon stammen aus Intensivtierhaltung. Die Produktionsbedingungen – von der Produktion der Futtermittel bis zur Vermarktung des Endproduktes auf dem globalen Markt – schädigen massiv die Umwelt: enormer Verbrauch an Energie und Ressourcen, Emissionen klimawirksamer Gase, Stoffeinträge, degradierte Böden, Gewässerverschmutzung, Rückgang der Artenvielfalt, Überdüngung und Gülleseen, maßloser Einsatz von Antibiotika, Schwerlastverkehr und lange Transportwege; die Folgen nicht nachhaltiger Produktion tierischer Proteine sind vielfältig und gravierend, die Wechselwirkungen und langfristigen Auswirkungen kaum abzuschätzen (vgl. FAO 2006).

Die moderne Intensivtierhaltung fußt auf Optimierung: Durch selektive Hochleistungszucht wird das Tier – der „Produktionsfaktor" – bereits auf Effizienz getrimmt. Im Laufe seiner Mast- oder Nutzungsdauer soll es mit möglichst wenig Input (Futter, Platzbedarf) möglichst viel Output (Eier, Milch, Fleisch) liefern. Die einseitige Leistungszucht auf schnelles Wachstum, kurze Mastdauer, hohe Reproduktionsraten und überdurchschnittliche Lege- oder Milchleistung hat neben physiologischen Einschränkungen und einer erhöhten Stressanfälligkeit auch Verhaltensauffälligkeiten wie Federpicken beim Geflügel und Schwanz- und Ohrbeißen beim Schwein zur Folge. Verschärft werden diese Probleme durch nicht tiergerechte Haltungssysteme.

Auch die Produktion der Futtermittel – Mais, Soja, Weizen – ist wenig nachhaltig: So wird meist auf einseitig bewirtschafteten Flächen ohne ökologisch sinnvolle Fruchtfolgen Futtergetreide für den Import angebaut. Dadurch entstehen vielfältige Probleme: Umweltzerstörung, Verlust von Biodiversität, Bodendegradation (Gottwald & Boergen 2014, 270).

Die industrielle Massenproduktion von Fleisch hat auch Auswirkungen auf die Arbeitswelt und die menschliche Gesundheit. Wachsende Bestandsdichten haben kaum Einfluss auf die Anzahl der Arbeitsplätze. Wenige große Betriebe mit hohen Bestandszahlen bieten wesentlich geringere Beschäftigungsmöglichkeiten als viele klein strukturierte Höfe. Gerade der jungen, gut ausgebildeten Generation auf dem Land fehlt es zunehmend an einer Perspektive. So wandern die Familien ab, die Hofnachfolge wird zunehmend schwierig, manche Dörfer sterben regelrecht aus. Dieser politisch leider noch immer geförderte Strukturwandel in Richtung „Wachsen oder weichen" nimmt den Regionen häufig jegliche Chance auf eine nachhaltige Entwicklung.

Hinzu kommt, dass Arbeitskräften und Anwohnern durch die Konzentration von Tierhaltungsbetrieben in machen Regionen ernstzunehmende Gesundheitsrisiken drohen. Böden, Oberflächengewässer und Grundwasser werden durch Schwermetalle, pharmazeutische Rückstände sowie Nitrat- und Stickstoffbelastungen verseucht. Pilze, Bakterien und Viren sowie Ammoniak, Methan und andere Schadgase gelangen in die Luft und können die Entstehung von Atemwegserkrankungen, wie etwa Asthma, begünstigen (Nowak 2007, 13).

Auch breiten sich Tierseuchen in Betrieben mit hohen Bestandsdichten leichter aus, ein nachhaltig wirksames Gesundheitsmanagement für das individuelle Tier ist nahezu unmöglich. Meist wird der gesamte Tierbestand behandelt, mit gravierenden Folgen. 2011 wurden in Nordrhein-Westfalen etwa 97 Prozent der Puten und knapp 92 Prozent der Masthühner während der ohnehin sehr kurzen Mastdauer mit Antibiotika behandelt. In Niedersachsen erhielten 68 Prozent der Schweine, 76 Prozent der Masthühner und 100 Prozent der Kälber antibiotische Behandlungen während der Mastperiode (vgl. Betz et al. 2013, 208f.). Das Problem dieser Praxis ist die Entstehung von Keimen, die gegen sämtliche herkömmlichen Antibiotika resistent sind. Studienergebnissen zufolge sind mittlerweile vier bis acht Prozent der deutschen Bevölkerung Träger von sogenannten ESBL-Keimen (Extended Spectrum Beta-Laktamasen), die Resistenzgene tragen, die andere Bakterien gegen eine Vielzahl von antibiotischen Wirkstoffen resistent machen (vgl. Spelsberg 2013).

Gesundheitlich bedenklich ist schließlich auch der übermäßige Verzehr verarbeiteter Fleisch- und Wurstwaren: Die Deutsche Gesellschaft für Ernährung (DGE) empfiehlt maximal 300 bis 600 Gramm Wurst und Fleisch pro Woche. Mit 1,2 Kilogramm liegt der wöchentliche Pro-Kopf-Konsum der Deutschen jedoch deutlich darüber. Dieses Zuviel, vor allen Dingen an verarbeitetem und rotem Fleisch, kann sich in Erkrankungen des Herz-Kreislaufsystems, der Entstehung von Krebserkrankungen sowie einer signifikanten Steigerung des Darmkrebsrisikos äußern (vgl. Sinha et al. 2009; Rohrmann et al. 2013, 63).

Die industrielle Produktion tierischer Proteine ist im Hinblick auf Gesundheit, Klima, Umwelt und Tierwohl wenig nachhaltig. Dabei wünscht sich der Verbraucher von den Landwirten an erster Stelle einen verantwortungsvollen Umgang mit den Tieren und den natürlichen Ressourcen (vgl. i.m.a & TNS emnid 2012). In der Branche wird man angesichts des immer wehrhafter auftretenden Verbrauchers zunehmend unruhig. Durch gezielte Maßnahmen soll die Produktion nachhaltiger werden. Doch wird sie das tatsächlich? Welche Maßnahmen sind effektiv? Und wie kann man echte Nachhaltigkeit von Greenwashing und reiner Imageaufwertung unterscheiden?

Nachhaltigkeit in der Lebensmittelwirtschaft – Positive Entwicklungen

Trotz der aufgeführten Probleme darf auch festgestellt werden, dass es zahlreiche Bemühungen für mehr Nachhaltigkeit innerhalb der Lebensmittelbranche in Deutschland gibt: Eine energieeffizientere Produktion, mitweltverträgliche Innovationen für Verpackungen und Materialien, kurze Wege, höhere Umwelt-, Sozial- oder Tierschutzstandards, neue Vertriebswege – die Möglichkeiten, sich als Unternehmen auf dem Nachhaltigkeitsmarkt zu profilieren, sind groß, denn Nachhaltigkeit ist heute zunehmend Erfolgsfaktor für den Absatz. Kein Unternehmen kann es sich mittlerweile mehr leisten, nicht an seinem grünen Werteportfolio zu basteln. Schließlich gehen die Erwartungen der Verbraucherinnen und Verbraucher zunehmend in Richtung grün, fair und tiergerecht.

Dies gelingt nicht nur im per se nachhaltigen Biolebensmittelmarkt. Auch bei großen konventionellen Unternehmen bestimmt Nachhaltigkeit diese Entwicklung.

Das Deutsche Milchkontor (DMK) etwa, eine Genossenschaft mit fast 10 000 Erzeugern und 28 Verarbeitungsstandorten, hat seine Nachhaltigkeitsstrategie DMK 2020 eng mit der Unternehmensstrategie verknüpft. In den fünf Bereichen Landwirtschaft, Umwelt, Milch, Team und Gesellschaft werden gezielte Einzelmaßnahmen vereint, die von der Verbesserung des Tierwohls über eine messbare Erhöhung der Ressourcen- und Energieeffizienz bis hin zu Nachhaltigkeitsworkshops für die Erzeuger reichen. Tier- und Umweltschutz sowie die Übernahme gesellschaftlicher Verantwortung sind hier Teil einer zukunftsgerichteten Betriebsführung. Damit setzt das DMK um, was zunehmend eingefordert wird: eine ernsthafte Verbindung von Unternehmen und Nachhaltigkeitsengagement. So reicht es heute nicht mehr, mit einzelnen sozialen Projekten oder punktuellen Impulsen zu werben – es braucht vielmehr eine ganzheitliche Ausrichtung der Unternehmenskultur und auch ökonomisch relevanter Entscheidungen hin zu mehr Nachhaltigkeit.

Besonders sensibel ist der Verbraucher in Bezug auf Tierschutzanliegen. Zwar spiegelt sich der Wunsch nach tiergerechter Haltung bislang nur in Umfragen wider – dort jedoch etabliert sich zunehmend der Auftrag an Landwirte und den Handel, mehr auf Tierwohl zu achten. In einer Umfrage aus dem Jahr 2012 wird mit 85 Prozent der verantwortungsvolle Umgang mit dem Tier als eine der wichtigsten Eigenschaften genannt, die seitens der Verbraucher von Landwirten gewünscht wird (vgl. i.m.a & TNS emnid 2012).

Die Branchen, die an Produkten tierischen Ursprungs arbeiten, haben das verstanden und versuchen derzeit, mit verschiedenen Labellösungen diesem Wunsch der Verbraucher nachzukommen.

So ist eine sektorale Brancheninitiative Tierwohl[1] ins Leben gerufen worden. Die ursprünglich für Anfang 2014 geplante Initiative sieht vor, Tierhalter aus einem Fonds der großen Handelsunternehmen dafür zu belohnen, wenn sie sich zur Erfüllung bestimmter Haltungskriterien verpflichten. Über die genaue Ausgestaltung wird derzeit noch verhandelt, doch es zeichnet sich zunehmend ab, dass, nimmt man Tierwohl tatsächlich ernst, wesentlich weitergehende Maßnahmen erforderlich sein würden, als es diese Branchenlösung vorsieht. Diese Initiative unterliegt einem generellen Rechtfertigungsdruck: Schließlich gibt es in Bio-Qualität längst Alternativen aus tiergerechter Produktion. Tierwohl ist nicht zu Dumpingpreisen erhältlich – der Handel täte im Hin-

---

1 Informationen unter: http://www.q-s.de/initiative_zum_tierwohl_1.html.

blick auf seine Glaubwürdigkeit gut daran, zunächst seine Preissenkungsrunden zu überdenken, bei denen Produkte tierischen Ursprungs regelmäßig zu Schleuderpreisen verramscht werden.

Allgemein gilt, dass die Gratwanderung zwischen „gut gemeint" und „gut gemacht" sich beim Thema Nachhaltigkeitsmanagement in der Ernährungsbranche besonders deutlich offenbart. Reine Imagepolitur wird schnell durchschaut und vom Verbraucher zunehmend übel genommen. Nachhaltigkeit kann, wenn sie nicht von allen Entscheidungsträgern eines Unternehmens ernsthaft mit Inhalten gefüllt wird, so schnell zum Fallstrick werden. Mit plump-vertraulicher Anbiederung und aufpolierter Selbstdarstellung, wie etwa der Plattform „Die Lebensmittelwirtschaft" (http://www.lebensmittelwirtschaft.org/), die sich laut Eigendarstellung als Informationsplattform zur „Versachlichung der Diskussion" und zur Vertrauensbildung versteht, gewinnt man heute keinen kritischen Kunden mehr für sich; denn wenn sich das entsprechende Gremium ausschließlich aus Industrie- und Handelsvertretern zusammensetzt, lässt sich erahnen, dass es mit der Neutralität der angebotenen Informationen und Diskussionsbeiträge nicht weit her ist.

So tun als ob – Greenwashing

Verbraucher erwarten heute von einem Produkt längst nicht nur einwandfreie Qualität, sondern auch die Einhaltung von Sozial- und Umweltstandards. Die Unternehmen wissen, dass sie im Hinblick auf die Produktionsbedingungen zunehmend einem Wettbewerb ausgesetzt sind: Wer produziert sauberer, fairer, klimaneutraler, tierfreundlicher? Entsprechend wird versucht, sich gegenseitig mit ökologischem Engagement und CSR-Maßnahmen zu überbieten und dies entsprechend vollmundig zu kommunizieren. Mancher Internetauftritt von Lebensmittelkonzernen liest sich wie das Portfolio einer Umweltschutzorganisation: Aufforstung hier, Klimaschutz dort – nicht immer steckt hinter den Projekten echtes Nachhaltigkeitsengagement. „Greenwashing" nennt sich die Praxis, sich mit grünen Versprechen zu schmücken, auch wenn in der Realität wenig nachhaltig gewirtschaftet wird, ein zu Unrecht beworbenes nachhaltiges Engagement also. Der Begriff wird insbesondere im Zusammenhang mit Unternehmen verwendet, die sich mit ökologischen oder sozialen Leistungen hervortun, die gar nicht vorhanden sind bzw. deren Ausmaß in keinem Verhältnis zu den negativen Auswirkungen des Geschäftes auf Umwelt und Gesellschaft steht (Futerra 2008, 1).

Greenwashing ist nicht einfach eine ärgerliche Begleiterscheinung der heutigen Zeit. Für Unternehmen, die zu Unrecht mit einem grünen Mäntelchen auftreten, kann es zum dauerhaften Verlust der Reputation kommen. Greenwashing ist jedoch auch gefährlich in Bezug auf eine zunehmend kritische Öffentlichkeit bzw. wache und informierte Kundengruppen, denn deren Wunsch nach höheren Umwelt-, Tierschutz- und Sozialstandards wird durch Greenwashing konterkariert. Dies kann zu Verunsicherung wie auch zu Ablehnung, zum Kaufboykott, führen.

Für wirksame und tatsächlich nachhaltige CSR-Strategien genügt es längst nicht mehr, sich neben dem Kerngeschäft sozial oder gemeinnützig zu engagieren. Vielmehr kommt es auf die nachhaltige Ausgestaltung des Kerngeschäfts selbst an. Einige Unternehmen der Lebensmittelwirtschaft gehen deshalb Kooperationen mit kompetenten Partnern ein, die hohe Glaubwürdigkeit besitzen. EDEKA etwa verbindet seit 2012 mit dem WWF eine strategische Partnerschaft, um das Unternehmen „nachhaltiger zu machen – etwa über den Ausbau des Angebots an umweltverträglicheren Produkten oder einen noch schonenderen Umgang mit Ressourcen wie Energie und Wasser" (Edeka 2014). Was auf den ersten Blick eine gute Sache ist, wirft jedoch bei genauerer Betrachtung Fragen auf: Was genau besagt der WWF-Panda auf der Packung? Häufig ist für den Konsumenten nicht ersichtlich, ob sich das Siegel auf die Verpackung, den Inhalt oder die sozialen oder ökologischen Herstellungsbedingungen bezieht. Auch die an der Kooperation beteiligten NGOs laufen stets Gefahr, Glaubwürdigkeit und Vertrauen aufs Spiel zu setzen.

Es gibt einige Anhaltspunkte dafür, Greenwashing von tatsächlichem Nachhaltigkeitsmanagement zu unterscheiden (vgl. Futerra 2008, 3):

- Komplett falsche Darstellung/ Datenfälschung
- Keinerlei Beweisbarkeit des Engagements bzw. der positiven Wirkungen
- Unverständliche, intransparente Darstellung
- Oberflächliche, nicht klar definierte Begrifflichkeiten, etwa „umweltfreundlich"
- Produkte, die zwar an sich ein nachhaltiges Image haben, jedoch nicht nachhaltig hergestellt werden
- Einsatz von Grafiken und Bildern, die ein grünes Image suggerieren sollen

- Unverhältnismäßige Darstellung des Engagements, das in keinem Verhältnis zur sonstigen Geschäftspraxis steht
- Eine vergleichende Selbstdarstellung, die wenig aussagt, da die Vergleichsunternehmen nicht nachhaltig sind
- Unglaubwürdige Claims gesundheitsschädigender oder anderweitig gefährlicher Produkte
- Label und entsprechende Kontrollen, die sich die Branche selbst verleiht ohne Einbeziehung neutraler Prüfinstanzen.

Umso wichtiger ist es, dass es überprüfbare Kriterien gibt, anhand derer sich soziales und ökologisches Engagement messen und für den Kunden entsprechend klar darstellen lassen. Auch braucht es unabhängige Stellen, die solche Kriterien entwickeln und überprüfen.

Solche Stellen gibt es bereits: Das Zentrum für Nachhaltige Unternehmensführung (ZNU) der Universität Witten/Herdecke etwa, das Unternehmen und Organisationen auf ihrem Weg zu mehr Nachhaltigkeit begleitet. An der Schnittstelle zwischen Wissenschaft und Wirtschaft möchte das ZNU nachhaltige Entwicklung in der gesamten Ernährungsbranche „greifbar, umsetzbar und glaubwürdig kommunizierbar gestalten" (ZNU 2014). Der Schwerpunkt in der Forschung liegt auf der Messbarkeit von Nachhaltigkeit von Unternehmen und Produkten, so etwa auf der Entwicklung und Begleitung des Nachhaltigkeitsstandards „Nachhaltiger wirtschaften", der 2008 ins Leben gerufen wurde.

Vier Kriterien für echtes Nachhaltigkeitsmanagement in Unternehmen

Ein Kriterium, um feststellen zu können, ob eine Nachhaltigkeitsstrategie ernst gemeint und Teil einer strukturellen Unternehmensentwicklung ist, ist die Zusammenarbeit mit einer unabhängigen wissenschaftsbasierten Einrichtung wie beispielsweise dem Zentrum für Nachhaltige Unternehmensführung (ZNU), dem Institut für nachhaltiges Management (IFNM) oder dem international tätigen Beraterunternehmen Institut für Markt – Umwelt – Gesellschaft e.V. (IMUG) in Hannover. Denn es geht um ein umfassendes Verstandnis von Nachhaltigkeit, für das die genannten Organisationen stehen. Ziel muss es sein, die gesamte Produktion, die Lieferkette, den Transport und die Vermarktung auf ihre sozialen und ökologischen Auswirkungen hin zu überprüfen. Die vielen beteiligten Einzelaspekte zu überblicken und zu benennen und maßgeschneiderte Lösungen zu finden, dürfte selbst einfach strukturierte, kleine Betriebe schlichtweg überfordern. Deshalb ist die Hinzuziehung von Profis aus der Wissenschaft nicht nur hinsichtlich der Transparenz und Glaubwürdigkeit geboten, sondern auch mit Blick auf Information und Beratung.

Zweites Kriterium zur Abgrenzung des echten Nachhaltigkeitsmanagements von bloßem Greenwashing ist der Nachweis von Investitionen im Bereich CSR. Wieviel gibt ein Unternehmen tatsächlich aus für nachhaltige Projekte? In welchem Verhältnis steht dieses Engagement zum Unternehmensgewinn? Wie wird es kommuniziert, und vor allen Dingen: Wie verwurzelt ist das CSR-Management mit dem Kerngeschäft? Hierin muss für die Betriebe der Schwerpunkt liegen, sonst sind auch Investitionen in Millionenhöhe wirkungslos. Eine aktuelle Studie (Reputation Institute 2013) zeigt, dass gerade einmal ein Drittel der Verbraucherinnen und Verbraucher in den 15 weltgrößten Märkten glauben, dass Unternehmen gute *corporate citizens* seien, die wohltätige Zwecke unterstützen und sich umweltbewusst verhalten. Von 100 ausgewählten Unternehmen, die eine hohe Reputation genießen und Vorreiter in Sachen CSR sind, wurden lediglich sechs als gute *corporate citizens* wahrgenommen – ein desaströses Ergebnis für das CSR-Management. Das zeigt: Hauptproblem bei der Wahrnehmung gesellschaftlicher Verantwortung ist nicht fehlendes Engagement, sondern eine unangemessene Kommunikationsstrategie und eine fehlende Verknüpfung mit dem Kerngeschäft, denn eine Trennung von Kerngeschäft und CSR führt unweigerlich zu einem Verlust der Glaubhaftigkeit. Ein Branchenriese, der sich für bedürftige Kinder und Gesundheitsmanagement in Entwicklungsländern einsetzt, dessen Kerngeschäft jedoch fette und zuckrige Lebensmittel für Kinder sind, ist in den Augen des Verbrauchers – zu Recht – kein aufrichtiger Mitstreiter für mehr Nachhaltigkeit. Letztendlich muss das Nachhaltigkeitsmanagement genauso ernsthaft betrieben und entsprechend gewichtet werden wie das Kerngeschäft. Sonst kann selbst millionenschweres Engagement der Reputation eher schaden als nützen.

Ein drittes Kriterium für eine wirksame Nachhaltigkeitsstrategie ist ein durchorganisierter Managementprozess. Das heißt, das Unternehmen sollte ein Nachhaltigkeitsmanagement einführen, das alle Bereiche der Unternehmenspraxis erfasst und miteinander vernetzt. Durch das Einsetzen eines Nachhaltigkeitsteams, einer speziellen Task Force oder eines Beauftragten für nachhaltiges Wirtschaften können Maßnahmen besser geplant, kontrolliert und gebündelt werden. Je nach Unternehmensstruktur kann es eine zentrale Anlaufstelle geben oder mehrere, die Abteilungen zugeordnet sind, die eine besondere Bedeutung für Nachhaltigkeit haben. In jedem Fall sollten die Beauftragten ihre Berichte direkt an die Unternehmensspitze weitergeben. Auch müssen alle Mitarbeiter in die Nachhaltigkeitsbemühungen einbezogen werden. Dies kann z. B. durch eine direkte Koppelung der Nachhaltigkeitsprozesse an andere Unternehmensprozesse, wie das Qualitätsmanagement, geschehen. Ressourcen, Energie, Verkehr/Transport sind weitere Unternehmensbereiche mit Nachhaltigkeitsrelevanz, die sich für einen gekoppelten Managementansatz eignen.

Aufwändig, aber unabdingbar sind kontinuierliche Monitoringmaßnahmen und eine gewissenhafte Evaluation der Managementprozesse. Nur so können Ineffizienz oder Fehler im System aufgedeckt oder brachliegende Potentiale erschlossen werden. Mittlerweile gibt es hierzu spezielle Softwarelösungen, die Unternehmen beim Monitoring und der Evaluation unterstützen.

Nachhaltigkeit in Unternehmen umzusetzen erfordert schließlich Motivation durch Anreize, Incentives oder Sanktionen. So braucht es – und das ist ein viertes Kriterium für gutes Nachhaltigkeitsmanagement – unternehmensintern ein Anreiz- bzw. Sanktionssystem auf Führungsebene und bei den Mitarbeitern. Nachhaltiges Verhalten muss belohnt, nicht nachhaltiges Verhalten sanktioniert werden.

Forderungen an die Politik

Die Entwicklung hin zu einer nachhaltigen Agrar- und Ernährungswirtschaft bedarf der politischen Flankierung. Nachhaltiges Engagement muss politisch, gesellschaftlich und im Wettbewerb honoriert werden. Dies wird auch von den politisch Verantwortlichen zunehmend erkannt. So wurde etwa kürzlich eine EU-Richtlinie beschlossen, gemäß derer öffentliche Einrichtungen Anbieter bevorzugen können, die sozial verantwortlich und umweltverträglich hergestellte Güter und Dienstleistungen in Verkehr bringen.[2] Nun liegt es an den einzelnen

---

2 Siehe hierzu: Richtlinie über die Vergabe öffentlicher Aufträge, Richtlinie (RL 2014/24/EU), Richtlinie über die Vergabe von Aufträgen durch Auftraggeber im Bereich der Wasser-, Energie- und Verkehrsversorgung sowie der Postdienste (Sektoren-Richtlinie, RL 2014/25/EU) sowie Richtlinie über die Konzessionsvergabe (RL 2014/

Mitgliedstaaten, bei der Beschaffung – beispielsweise für Kantinen – die Vergaben nicht mehr ausschließlich an den Kaufpreis zu binden – nichts anderes verlangt man schließlich auch von den Konsumenten. Vielmehr muss die öffentliche Hand auch eine Verantwortung übernehmen für die sozialen und ökologischen Auswirkungen von getätigten Käufen oder in Anspruch genommenen Dienstleistungen, die mit Ernährung zusammenhängen. Für die Unternehmen bedeutet das eine neue Art des Wettbewerbs, der nachhaltige Produktions-, Verarbeitungs- und Vertriebswege über die bloße Kostenkategorie hinaus berücksichtigt.

Doch auch auf nationaler Ebene gilt es, Nachhaltigkeit viel stärker zu fördern. Monetäre Anreizsysteme, wie etwa bei der Entlohnung umweltschonender landwirtschaftlicher Maßnahmen, sind dabei nur ein Mittel – und nicht zwingend die erfolgreichsten. Schließlich braucht es für derartige Incentives stets eine Kontrolle. Doch gerade mit dieser Kontrollfunktion zeigt sich die öffentliche Hand insbesondere im Lebensmittelsektor zunehmend überfordert.

Wie also Anreize schaffen für mehr Nachhaltigkeit im Lebensmittelsektor? Hier bieten sich nicht nur Belohnungs-, sondern auch Entlastungssysteme an, beispielsweise über Steuererleichterungen. Daneben lässt sich Nachhaltigkeit auch fördern, indem Strukturen geschaffen und bereitgestellt werden, die entsprechendes Verhalten erleichtern oder überhaupt erst ermöglichen. Dies reicht von Bildungs- und Informationsangeboten bis hin zur Förderung von Kooperationen und Vernetzungen von Akteuren auf regionaler Ebene. Der politischen Unterstützung regionaler Kooperation kommt eine große Rolle zu, wenn es darum geht, kleine Unternehmen am Markt zu positionieren. Über eine gemeinsame Nutzung von Maschinen oder Ressourcen beispielsweise können Synergieeffekte entstehen und die Marktfähigkeit von Betrieben gestärkt werden. Auch Kooperationen zwischen Verbrauchern und Produzenten erfreuen sich zunehmender Beliebtheit. CSA (Community Supported Agriculture) etwa, zu Deutsch: Solidarische Landwirtschaft oder Gemeinschaftshöfe. Die Grundidee dahinter: Ein Hof versorgt die unmittelbare Region mit Lebensmitteln, die Region stellt im Gegenzug dem Hof die Finanzmittel für dessen Bewirtschaftung zur Verfügung (Kraiß & van Elsen 2008, 44). Diese Idee der wechselseitigen Verantwortung ist als Musterbeispiel für gelungene Kooperation ebenso einfach wie erfolgreich: Der Landwirt eines CSA-

23/EU).

Hofes überträgt die Kosten der landwirtschaftlichen Jahresproduktion auf seine Kundschaft, indem diese ihre Lebensmittel mit monatlichen Festbeiträgen und Abnahmegarantien dort beziehen. In wöchentlichen oder monatlichen Lieferungen werden die jeweiligen Ernteanteile an die teilnehmenden Abnehmer übergeben oder in zentrale Speisekammern verbracht, die für die Abnehmer frei zugänglich sind (vgl. hierzu Gottwald & Boergen 2012).

Auf globaler Ebene braucht es für eine nachhaltige Entwicklung der Ernährungswirtschaft politisch gewollte, klare und verbindliche Werte und Standards, die universell sind und deren Umsetzung dennoch standortspezifisch erfolgen kann. Dazu müssen entsprechende politische und institutionelle Rahmenbedingungen geschaffen und die Prinzipien agrarpolitischer Handhabe grundlegend überdacht werden. Eine dahingehende Zukunftsvision beinhaltet folgende Punkte (vgl. Reichert & Gottwald 2007):

- Das Grundrecht auf Nahrung ist einklagbar in alle Verfassungen gebracht.
- Weltweit ist die Koexistenz von verschiedenen Produktions- und Verarbeitungssystemen (traditionell, konventionell-industrialisiert, ökologisch u. a.) rechtlich abgesichert.
- Die Sicherheit von Lebensmitteln ist durch weltweit geltende und ins Recht gesetzte Kontroll- und Zertifizierungssysteme garantiert.
- Gehandelt werden zwischen den Regionen der Welt nur Lebensmittel, die unter sozial und ökologisch vergleichbaren Bedingungen erzeugt werden.
- Subventionen für Lebensmittelexporte entfallen.
- Öffentliche Gelder für den Erhalt von Kulturlandschaften, für die Agrarforschung, für die Erforschung neuer zivilgesellschaftlicher Organisationsformen zur Umsetzung von Ernährungsgerechtigkeit und Ernährungssouveränität sind auf mindestens ein Drittel der Bruttoinvestitionen in die Infrastruktur einer Volkswirtschaft angehoben.
- Die Preise der Lebensmittel in den entwickelten Märkten / Ländern beziehen alle ökologischen und sozialen Kosten mit ein.

Diese Zielsetzung mag ambitioniert erscheinen – doch angesichts der gewaltigen Herausforderungen der Zukunft wird ein Minimalkonsens einer echten nachhaltigen Entwicklung im Hotspot Ernährung nicht gerecht.

Literatur

Akbaraly, T. / Sabia, S. / Hagger-Johnson, G. / Tabak, A. G. / Shipley, M. J. / Jokela, M. / Brunner, E. J. / Hamer, M. / Batty, D. G. / Singh-Manoux, A. / Kivimaki, M. (2013): Does Overall Diet in Midlife Predict Future Aging Phenotypes? A Cohort Study. In: *The American Journal of Medicine*, Volume 126, Issue 5 (May 2013).

Betz, H. / Deininger, E. / Giltner, S. / Müller, E. / Wirths, F. (2013): *Entwicklungen & Trends 2012. Schritt für Schritt mehr Tierschutz.* In: Agrarbündnis e.V. (Hg.): Der kritische Agrarbericht 2013, Hamm, S. 203–211.

Edeka: Nachhaltigkeit liegt uns am Herzen, http://www.edeka.de/EDEKA/de/edeka_zentrale/verantwortung/nachhaltigkeit/wwf/edeka_nachhaltigkeit.jsp, Aufruf am 2. April 2014.

EvB – Erklärung von Bern (Hg.) (2013): Agropoly. Wenige Konzerne beherrschen die weltweite Lebensmittelproduktion, Bern.

FAO (Food and Agriculture Organization of the United Nations) (2006): Lifestock's Long Shadow. Rome.

Futerra Sustainability Communications (2008): The Greenwash-Guide, London.

Gottwald, F.-Th. (2012): *Ethik und gelebte Werte im Ökolandbau.* In: Meier, U. (Hg.): Agrarethik. Landwirtschaft mit Zukunft. Clenze: Agrimedia 2012, S. 149–164.

Gottwald, F.-Th. / Krätzer, A. (2014): Irrweg Bioökonomie. Kritik an einem totalitären Ansatz, Berlin.

Gottwald, F.-Th. / Boergen, I. (2012): *Ein neues Miteinander. Erfolgsprinzipen für Kooperationen in und mit der Landwirtschaft.* In: Agrarbündnis e.V. (Hg.): Der kritische Agrarbericht 2012, Hamm, S. 255–260.

Gottwald, F.-Th. / Boergen, I. (2014): *Brauchen wir Tiere? Anmerkungen zur aktuellen Debatte über Fleischverzicht und Veganismus.* In: Agrarbündnis e.V. (Hg.): Der kritische Agrarbericht 2014, Hamm, S. 267–274.

i.m.a & TNS Emnid. Imagestudie Landwirtschaft 2012, Download unter: http://www.ima-agrar.de/Studie-zum-Image-der-Landwirtschaft.23.0.html.

Kraiß, K. / van Elsen, T. (2008): Community Supported Agriculture (CSA) in Deutschland. Konzept, Verbreitung und Perspektiven von landwirtschaftlichen Wirtschaftsgemeinschaften. In: Lebendige Erde 2/2008, S. 44–47.

Mari, Francisco / Buntzel, Rudolf (2007): Das globale Huhn. Hühnerbrust und Chicken Wings – Wer isst den Rest? Frankfurt a. M.

Nowak, D. (2007): *Atemwegserkrankungen in der Landwirtschaft: Vorkommen – Mechanismen – Perspektiven.* In: Gottwald, F.-Th. / Nowak, D. (Hg.): Nutztierhaltung und Gesundheit. Neue Chancen für die Landwirtschaft. Tagungsband, Kassel.

Reputation Institute (2013): CSR RepTrak® 100 Study, unter http://www.reputationinstitute.com/thought-leadership/csr-reptrak-100.

Reichert, T. / Gottwald, F.-Th. (2007): Hunger. Armut, Klimawandel: Neue Herausforderungen für die Landwirtschaft – Institutionelle Ansätze zur Entwicklung tragfähiger Lösungen. In: Gottwald, Franz-Theo; Fischler, Franz (Hg.): Ernährung sichern – Weltweit. Ökosoziale Gestaltungsperspektiven, Hamburg, S. 90–173.

Rohrmann, S. et al. (2013): Meat consumption and mortality – results from the European Prospective Investigation into Cancer and Nutrition. In: BMC Medicine 11, S. 63.

Sinha, R. / Cross, A. J. / Graubard, B. I. / Leitzmann, M. F. / Schatzkin, A. (2009): Meat intake and mortality: a prospective study of over half a million people. In: Archives of International Medicine 169(6), S. 562–571.

Spelsberg, A. (2013): Folgen des massenhaften Einsatzes von Antibiotika in Human- und Veterinärmedizin. Gutachten im Auftrag der Bundestagsfraktion Bündnis 90/Die Grünen. Online verfügbar unter: http://www.gruene-bundestag.de/themen/gesundheit/massentierhaltung-gefaehrdet-humanmedizin_ID_4389857.html, Zugriff am 12. Januar 2014.

ZNU, Zentrum für Nachhaltige Unternehmensführung, http://www.mehrwert-nachhaltigkeit.de/das-znu.html, Aufruf am 3. April 2014.

Wilfried Bommert

Bodenrausch, die globale Jagd nach den Äckern der Welt

Im Boden liegt im 21. Jahrhunderts mehr Profit als auf den Goldfeldern, behaupten die Fundamentalisten der Finanzmärkte. Das heizt die Spekulation weltweit an, schürt Visionen von den ganz großen Geschäften auf den landreichen Kontinenten. In Brasilien, Afrika, Südostasien und Osteuropa liegen die „Bodenbanken" der Welt und die „Ölfelder" der Zukunft. Dass es Opfer gibt bei der Jagd um die Äcker der Welt, schlägt in der Kalkulation der Investmentbanker nicht zu Buche. Dass Existenzen vernichtet, Familien entwurzelt werden, Landstriche verelenden, Flüchtlingsströme in Gang gesetzt und die politische Stabilität ganzer Erdteile untergraben wird, ist nicht ihr Geschäft.

Mittlerweile haben sich Tausende in den Markt eingeklinkt, Millionen von Hektar Land sind auf dem Weg in neue Hände, Milliarden von Dollars liegen bereit, um die Konten zu wechseln. Die Entwicklungsorganisation Oxfam konstatierte bereits 2011, dass ein Gebiet von der Größe Westeuropas aus bäuerlichem Besitz in die Hand von Kapitalgesellschaften übergegangen sei. Mit dem Boden gerät auch das, was auf ihm wächst, ins Kalkül der Finanzwirtschaft. Was auf den Äckern der Welt angebaut werden wird, könnte sich in Zukunft immer mehr nach dem Profit Einzelner und immer weniger nach dem Hunger der Massen richten.

Vier globalen Krisen

Die globale Jagd auf die Äcker der Welt kommt nicht von ungefähr. In ihr spiegeln sich die Folgen von vier globalen Krisen, die seit 2008 die Welt erschüttern. Sie beförderten den Boden über Nacht zu einem Spekulationsobjekt, ohne historisches Beispiel. Zum einen war es die *Weltfinanzkrise*. Sie beraubte 2008 selbst die Giganten der Wallstreet ihrer Fundamente und warf die Branche auf das zurück, was fundamentale Sicherheit bedeutet: Grund und Boden. Neben ihr ringt die Ölindustrie ebenfalls seit 2008 um neue Ölfelder. Die Angst vor „Peak

Oil", der höchstmöglichen Fördermenge, nach der es nur noch bergab gehen kann mit der Förderung, treibt die Suche nach Alternativen. Katastrophen, wie die Explosion auf Bohrinsel Deepwater Horizon 2010, die den Golf von Mexiko verseuchte, machten klar, dass sich die Industrie auf einem Hochrisiko-Pfad bewegt. Sie steuert um: Die Ölfelder der Zukunft sollen oberirdisch ausgebeutet werden, auf den Äckern der Welt. Zur *Ölkrise* tritt die *Klimakrise*. Nachwachsende Rohstoffe sollten sie entschärfen und den Ausweg weisen, doch auch deren Anbau führt erst einmal auf die Äcker der Welt – genauso wie die Strategie, Klimagase wieder einzusammeln durch neue Wälder, die auf alten Äckern angepflanzt werden. Zusätzlicher Druck entsteht seit 2008 durch das Aufflammen einer Krise, die bis dahin niemand für möglich gehalten hatte: die *Krise der Welternährung*. Auch sie ließ die Nachfrage nach Boden innerhalb weniger Monate in die Höhe schnellen.

Neue „Öl-Felder"

Den größten Teil der globalen Bodenvorräte sichert sich die Energiewirtschaft. Was sie treibt, ist das Ende des Rohöls, was sie interessiert, ist, die entstehende Lücke mit Agrosprit, Agrodiesel und Agrogas zu füllen. Hoch subventionierte Gasfabriken wachsen inmitten riesiger Maisfelder, die mittlerweile die Landschaft im Norden der Republik von Niedersachsen über Schleswig-Holstein, Sachsen-Anhalt, Mecklenburg-Vorpommern und Brandenburg bestimmen. Energielandschaften bestimmen auch den Süden der Republik. An Autobahnen und Bahntrassen breiten sich immer größere Felder mit Solarpanelen aus. Branchengiganten wie RWE und E.ON sind mit von der Partie und sehen in den Energiefeldern einen Teil ihrer Zukunft. Das Land dafür beschaffen sie sich durch Pachtangebote, bei denen jeder normale Bauer das Nachsehen hat. Dank garantierter Strompreise können sie das 3-fache des Ortsüblichen bieten und entziehen damit der bäuerlichen Landwirtschaft ihre Existenzgrundlage, nicht nur bei uns.

Weltweit wächst der Run auf die neuen „Öl-Felder". Mehr als die Hälfte der Landnahme geht auf Rechnung der Agro-Spritindustrie. Der Gürtel der zukünftigen Ölfelder lässt sich heute schon erkennen. Er zieht sich einmal rund um den Globus. Je näher am Äquator, desto größer der solare Gewinn und desto größer die Energieausbeute. Betroffen ist hiervon besonders Ghana, das sich zum Zentrum der Jatropha-Ölindustrie in Afrika entwickelt hat. Über 20 Unternehmen versuchen hier, in das Bioethanol- und Biodieselgeschäft einzusteigen. Der Wettlauf um die besten Standorte findet statt zwischen Italienern, Norwegern, Chinesen, Deutschen, Niederländern, Belgiern und Indern. Sie kaufen oder pachten Parzellen von 10 000 bis 400 000 Hektar. Die Ghana Business News gehen davon aus, dass die Jatropha-Anbaufläche mittlerweile ein gigantisches Areal von einigen Millionen Hektar ausmacht.

Neuerdings melden auch andere Industrien ihre Ansprüche an die Äcker der Welt an, Industrien, die vom Erdöl als Rohstoff abhängen, etwa die Kunststoffindustrie. Allein in Deutschland werden 20 Millionen Tonnen Plastik in Form gegossen, vom Fensterrahmen bis zum Putzeimer. Ohne Kunststoff bräche die Zivilisation der Industriestaaten zusammen, deshalb muss auch hier Ersatz geschaffen werden, auch der soll vom Acker kommen. Die Bundesregierung hat vorausschauend zu Beginn des Jahrhunderts einen sogenannten Bio-Ökonomierat berufen, der das Feld für die industrielle Verwertung jeglicher Biomasse ebnen soll. Es geht um Industrierohstoffe, Energie und um Lebensmittel. Alle sollen sich in Zukunft die Äcker teilen, die bisher Nahrungsmitteln vorbehalten waren. Auch das treibt die Konkurrenz und damit die Bodenpreise.

22 Prozent Zuwachs

Im Zentrum des Bodenrauschs stehen Afrika und Asien, aber auch im alten Europa blasen die Landjäger zum Aufbruch, auch Deutschland bleibt nicht unberührt. Selbst im bodenständigen Ostfriesland klagen Bauern über Banker, die sich über die friesische Krume hermachen. Wer nicht direkt investieren will, der wählt den diskreten Weg über Fonds und Beteiligungen. „Anleger können mit Agraraktien gute Ernte einfahren“, titelt die Frankfurter Allgemeine Zeitung im Herbst 2012. Mehr als 22 Prozent Zuwachs konnten die Anteilseigner des Fonds DJE Agrar & Ernährung innerhalb von nur 12 Monaten einstreichen. Hier wächst der Markt schnell. Deutsche Banken und Versicherungen spielen in der ersten Liga, nicht nur auf deutschem Boden. Die deutsche Menschenrechtsorganisation FIAN deckte 2010 auf, dass mehr als 13 deutsche Fonds die Landwirtschaft zu ihrem Zielgebiet erklärt haben. Fast alle sind in den Krisenjahren 2007/2008 und später aus dem Boden der deutschen Finanzlandschaft geschossen. Sie haben 2010 1,5 Millionen Hektar Land besonders in Afrika und Lateinamerika gekauft oder gepachtet, auch in Äthiopien oder der Demokratischen Republik Kongo, wo der Hunger sowohl in den Städten als auch auf dem Land noch immer zum Alltag gehört. Die Geldgeber kommen überwiegend aus Europa.

Land für Klimagase

Fast geräuschlos hat sich diesem Trio aus Finanz-, Energie- und Chemiewirtschaft eine vierte Kraft angeschlossen: der bisher als unverdächtig eingestufte Markt für Klimagase. Seine Akteure haben die Land- und Forstwirtschaft für sich entdeckt und suchen Neuland, um über Pflanzen Treibhausgase einzusammeln. So wachsen im großen Stil vor allem im globalen Süden Wälder auf Ländereien heran, die zuvor von Kleinbauern oder Hirten genutzt wurden. Die so gewonnenen Klimazertifikate machen die Waldkonzerne an den Klimabörsen der Welt zu Geld. Spekulanten wittern darin einen neuen Wachstumsmarkt.

Einer der Hauptakteure ist das norwegische Unternehmen Green Resources. Es soll in Tansania mittlerweile über 100 000 Hektar bewirtschaften, einen Teil davon unter Mitwirkung der Dorfbewohner, die Land an das Unternehmen abgetreten haben gegen das Versprechen, dass sie Arbeit, Straßen, Schulen und etwas von dem Geld bekommen, das Green Resources durch den Verkauf seiner *Carbon Credits* erlöst.

Eine Zwischenbilanz 2011 zeigt jedoch, dass die Dörfer weit weniger von diesem Geschäft profitieren als von der Regierung versprochen. Feste Arbeitsplätze kamen kaum zustande, Gelegenheitsjobs sind schlechter bezahlt als im Landesdurchschnitt, Straßen wurden nur so weit gebaut, wie sie für die Plantagenwirtschaft notwendig sind. Auf den versprochenen Wasseranschluss warten die Dörfer vergebens, und von dem Geld für die Klimakredite haben nur vier von sechs Dörfern etwas bekommen.

Eine Frage des Überlebens

Verschärft wird die Konkurrenz um die Äcker durch Länder, für die die Frage des Bodens eine Frage des Überlebens ist. Zu den größten Pächtern und Käufern am Weltbodenmarkt gehört China. Es geht voran bei der Suche nach Neuland auf fremden Äckern, und es hat allen Grund dazu, denn jenseits der chinesischen Mauer müssen 20 Prozent der Weltbevölkerung von nur 9 Prozent der Weltackerfläche leben. Das stresst die Politik in Peking und verdammt die Verwalter des Landes zu weitschweifender Bodenakquise.

Chinas Druck kommt aus der aufsteigenden Mittelschicht und ihrem wachsenden Hunger nach Fleisch. Für die Rinder-, Schweine- und Hähnchenfabriken, die im Dunstkreis der Großstädte entstehen, fehlt es an Futter. Die Tröge der Mastfabriken lassen sich nur mithilfe einer global manövrierenden Flotte von Frachtern füllen. Doch in ihrem Kielwasser fährt die Angst mit, dass die Weltmarktpreise für Getreide so steigen könnten, dass der Fleischpreis auf den chinesischen Märkten von vielen Menschen nicht mehr zu bezahlen wäre. In einem Land, in dem Fleisch, besonders Schweinefleisch, zum nationalen Selbstverständnis gehört, könnte das die Stimmung gefährlich kippen lassen.

Wie China steht auch Indien vor einer gigantischen Herausforderung. Beide zusammen müssen bis zur Mitte des Jahrhunderts 700 Millionen Menschen zusätzlich ernähren. Die Wirtschaft brummt, die Einkommen steigen und mit dem Wohlstand wächst auch in Indien die Lust auf Fleisch. Beiden Ländern aber fehlt das Wasser, das sie bräuchten, um gleichzeitig ihre wachsenden Städte, ihre Kornkammern und ihre Viehherden zu versorgen, ein Trend, den der Klimawandel noch verschärfen dürfte.

Bis zur Mitte des Jahrhunderts wird die indische Bevölkerung weiter wachsen. Schon in 20 Jahren werden statt derzeit 1,17 Milliarden voraussichtlich 1,5 Milliarden Menschen ernährt werden müssen. Indien wird dann das bevölkerungsreichste Land der Welt sein. Die Geburtenrate liegt weiterhin bei 2,8 Kindern. Und zur Mitte des Jahrhunderts könnte nach Schätzungen der *Population Foundation of India* sogar die 1,8-Milliarden-Grenze überschritten werden. Da eine neue Grüne Revolution in Indien nicht zu erwarten ist, bleiben am Ende nur eine massive Steigerung der Importe und/oder das Outsourcing von Teilen der indischen Landwirtschaft, und dieser Prozess ist bereits in vollem Gang.

In Japan gehört das Outsourcing der Volksernährung schon lange zum Alltag. Dort hat die Landwirtschaft zwischen Bergen und Meer kaum Platz, um die eigene Bevölkerung zu ernähren. Von 1965 bis 1998 stiegen die Nahrungsimporte von 27 auf 60 Prozent des nationalen Verzehrs. Das Industrieland Japan hängt damit mehr als jeder andere Industriestaat am Tropf der Weltagrarmärkte.

Nicht anders ergeht es Südkorea. Die Importlücke des Industrielands wächst. Die Ursache liegt auch hier in einer Landwirtschaft, die sich der Industrialisierung widersetzt. Die Bauern wirtschaften auf Kleinsthöfen, noch nicht einmal so groß wie ein Fußballfeld. Maschinen lassen sich dort kaum einsetzen. Die Ernten reichen für die Bauerndörfer, aber keineswegs für die Versorgung der schnell wachsenden Städte.

Am Tropf der Weltmärkte hängen auch die Golfstaaten, in denen die Wüste kaum Ackerbau zulässt. Das Wasser fehlt. Selbst Ägypten gelingt es nicht, im Schwemmland des Nils genügend Weizen für die eigene Bevölkerung zu produzieren. Der Importbedarf liegt bei mehr als 50 Prozent. Trotz hoher Staatsverschuldung kauft das Land am Nil Neuland, um nicht weiter in die Abhängigkeit von unberechenbaren Importen aus dem Weltmarkt zu geraten.

Im Fadenkreuz: Failed States

Die Jagd auf die Äcker der Welt findet nicht ohne Strategie und Planung statt. Wie bei der Suche nach Gold und Öl bereiten Prospektoren den Weg. Sie durchforsten Kataster und Satellitenbilder nach fruchtbarem Boden mit Wasseranschluss. Juristen prüfen die Rechtslandschaften. Im Fadenkreuz dieser Landsucher stehen „Failed States", zerbrochene oder zerbrechende Staaten. Diese finden sich in Afrika ebenso wie in Südamerika, Südostasien und auf dem Territorium der ehemaligen Sowjetunion. Besonders gut läuft das Geschäft mit dem Boden dort, wo der Atem der alten Kolonien noch weht, wo Korruption und Raffgier regieren, so wie in Uganda und Kenia, in Tansania, Mosambik, Sambia, Nigeria, Liberia, ganz besonders aber im Kongo.

Dort schneiden die herrschenden Cliquen in der Tradition ihrer Kolonialherren immer neues Land aus dem Volksvermögen, auch wenn die eigene Bevölkerung hungert, wie in Äthiopien, im Sudan oder Kenia. Das Geld fließt selten in die nationale Kasse, und wenn, dann ist es eher Kleingeld, weniger als 10 Dollar für die Fläche eines Fußballplatzes. In Europa liegt die Pacht für Vergleichbares bei 400 Euro und mehr. Graziano da Silva, der Generaldirektor der Welternährungsorganisation FAO, verlangte bei seiner ersten öffentlichen Stellungnahme im Januar 2012 nach „einem Sheriff", der die unkontrollierte Landnahme besonders in Afrika unter Kontrolle bringt. Sein Wunsch wurde ihm bisher nicht erfüllt. Es fehlt eine Ordnungsmacht, die einschreiten könnte, wo der Bodenrausch die Zivilbevölkerung beraubt, entwurzelt und zur Flucht in die Städte zwingt. Die Kräfteverhältnisse in den UN-Organisationen sprechen dagegen. Das Einzige, auf das sich die Weltgemeinschaft bisher einigen konnte, ist eine Art Knigge für großräumige Landgeschäfte, der gutes Benehmen gegenüber der Zivilbevölkerung, den Bauern und den Gemeinden fordert. Was verheißungsvoll unter dem Namen „Principles for Responsible Agricultural Investment that Respects Rights, Livelihoods and Recources“ firmiert, bewirkt bisher wenig, denn sie sind freiwillig.

Weltbank: Weg frei

Gefördert und gestützt werden die Bodengeschäfte nicht nur von geschäftstüchtigen Regimes, sondern auch von den internationalen Instituten, allen voran der Weltbank. Sie legte im Herbst 2010 eine Karte vor, in der die Welt neu vermessenen wurde, die Weltkarte der käuflichen Böden. Nach außen wird diese Vermessung der Welt als eine Aktion im Interesse der jeweiligen Länder und Regierungen deklariert. Tatsächlich ist es ein Wegweiser für alle, die auf der Suche nach profitablem „Neuland“ sind. Es handelt sich um Land, das nicht so produktiv genutzt wird wie in den Industriestaaten, aber das seinen Kleinbauern, Hirten, Fischern und Sammlern ihren Lebensunterhalt seit Generationen sichert.

Zehn Staaten rangieren für die Bank bei ihren Empfehlungen für Investoren besonders weit oben, weil sie viel Land, wenige Menschen, geringe Ernten, viel Wasser und genügend Potenzial für steigende Erträge haben. Fünf von ihnen liegen in Afrika. Insgesamt machten die Banker über 445 Millionen Hektar Land aus, das „ungenutzt“ und frei von Wald ist, nicht unter Naturschutz steht und eine Bevölkerungs dichte von weniger als 25 Personen pro Quadratkilometer hat. Das entspricht einem Drittel des kultivierbaren Landes auf der Welt (insgesamt 1,5 Milliarden Hektar).

Gemeinsam mit ihren Töchtern International Financial Corporation (IFC) und Foreign Investment Advisory Service (FIAS) schnürt die Weltbank attraktive Rundum-sorglos-Pakete für finanzstarke Investoren mit teilweise bizarren Folgen: In Pakistan beispielsweise sichert die Regierung den Saudis in einem Landpachtvertrag militärischen Beistand gegen die eigene Bevölkerung zu für den Fall, dass es wegen der Getreidetransporte vorbei an den Hütten der Armen zu Ausschreitungen kommen sollte.

Das weckt Erinnerungen: Das koloniale Erbe vergangener Jahrhunderte von Christoph Kolumbus bis zur *United Fruit Company* erlebt im Bodenrausch des 21. Jahrhunderts seine Wiedergeburt. Nur – heute geht es nicht mehr um Gold oder Luxusfrüchte. Es geht um die Basis der Welternährung, ein Feld, auf dem es nur wenig Spielraum gibt.

Wachsende Knappheiten

Auch ohne die neuen Spekulanten ist der Boden der Welt, die Grundlage unserer Ernährung, heute schon knapp und wird laufend knapper. Erosion hat seit Jahrzehnten die Bodenfruchtbarkeit untergraben. Äcker stürzten im Gewitterregen zu Tal oder flogen in Wolken davon. In globalen Maßstäben geurteilt, verliert die Welt auf diese Weise fruchtbaren Boden auf mehr als dem 40-fachen der deutschen Ackerfläche, besonders viel in Asien und Afrika. Dort verschwand schon zu Beginn des Jahrtausends ein Vielfaches von dem, was im Boden neu gebildet werden konnte. Der Grund auch hier: falsche Bewirtschaftung.

Neben dem Wind reißt der Regen hier tiefe Furchen in die Äcker der Welt. Am eindrucksvollsten zu sehen ist das am *Huang He*, dem Gelben Fluss in China. Wer an seinem Ufer steht, fragt sich, woher die ockerbraune Brühe ihre Farbe nimmt. Sie stammt aus dem zentralen Lössplateau aus dem Herzen Chinas. In jedem Kubikmeter Wasser fließen 34 Kilogramm Löss mit Richtung Chinesisches Meer. Mit jährlich mehr als einer Milliarde Tonnen verliert Chinas Kornkammer ihre einst sagenhafte Fruchtbarkeit (WBGU 1994).

Bruce Wilkinson, Geologe an der Universität von Michigan, untersuchte die Überreste urzeitlicher Schwemmlandschaften. Er wollte wissen, ob Bodenverlust ein neues oder ein sehr altes Phänomen der Landwirtschaft sei. Seine Antwort fiel bestürzend aus. In den 500 Millionen Jahren vor dem Erscheinen des Homo sapiens betrug der durchschnittliche Bodenverlust in jedem Jahrtausend 2,5 Zentimeter. Seit der Mitte des letzten Jahrhunderts reichen 40 Jahre, um die gleiche Menge Boden vom Acker zu schaffen (Leisinger 2008, 2).

Für den amerikanischen Bodenforscher David R. Montgomery entspricht der Zustand des Bodens dem Zustand der jeweiligen Zivilisation. Sowohl das Griechenland der Antike als auch das Römische Imperium verloren ihre Macht, aus geologischer Sicht, durch den unbedachten Umgang mit seinem Boden. Doch im Fall Griechenlands und Roms vollzog sich dies als schleichender Prozess innerhalb von rund neun Jahrhunderten. Die moderne Landwirtschaft betreibt ihren Niedergang „effektiver". Sie verliert ihren Boden nicht nur durch den Pflug, sondern auch durch ihre Bewässerungsanlagen, ebenfalls mit verheerenden Folgen.

Überall, wo die Sonne brennt, versuchen die Bauern, den fehlenden Regen durch künstliche Bewässerung auszugleichen. Weil bewässertes Land größere Ernten ermöglicht, hat sich die Bewässerungsfläche rasant ausgebreitet. Und sie wird weiter wachsen, weil die Klimaerwärmung die Pflanzen durstiger macht. Was das auf lange Sicht heißt, lässt sich heute schon absehen: das Versalzen von immer mehr fruchtbarem Boden. Denn Wasser, das in den Boden eindringt, löst Salze. Wenn die Sonne dann den Boden aufheizt, zieht sie einen Teil des Wassers wieder an die Oberfläche und es verdunstet. Zurück bleibt pures Salz, das Todesurteil für jegliche Vegetation. Was dieser Effekt anrichtet, bekommen die Farmer in der Kornkammer Australiens längst zu spüren. Auch in den USA, in Indien und Ägypten, im Irak, auf dem Gebiet der ehemaligen Sowjetunion und in Afrika bedroht das Salz die Ernten.

Die Bodenfruchtbarkeit geht dort am schnellsten verloren, wo sie in Zukunft am nötigsten gebraucht wird, wo die Bevölkerung am schnellsten wächst: in Afrika, Indien und China, aber auch in den Kornkammern der Welt in Brasilien, Russland und im Mittleren Westen der USA (Leisinger 2008, 2). Tony Fischer vom Australian Centre for International Agricultural Research in Canberra kam schon 1991 zu dem Ergebnis, dass mehr als ein Drittel der Äcker weltweit ihre Fruchtbarkeit bereits verloren oder ganz eingebüßt hat (T. Fischer 1991). Diesen Verlust von fruchtbarem Boden stufte der Wissenschaftliche Beirat der Bundesregierung Globale Umweltveränderungen (WBGU) bereits 1994 als ebenso bedrohlich ein wie den Klimawandel und die Erosion biologischer Vielfalt (Wissenschaftlicher Beirat 1994). Doch geändert hat sich seither nichts, im Gegenteil.

Pro Kopf schrumpfen die Bodenvorräte der Welt von 0,44 Hektar 1960 auf 0,22 Hektar im Jahr 2000. Bis 2050 könnten sie nur noch 0,15 Hektar oder weniger betragen, allerdings nur, wenn die Fruchtbarkeit auf den derzeit bewirtschafteten Flächen erhalten bleibt (FAO 2008). Doch danach sieht es nicht aus. Der Landhunger der schnell wachsenden Mega-Städte gehört zu den größten Bodenvernichtern der Zukunft. Häuser wurden schon immer bevorzugt dort gebaut, wo die Versorgung als gesichert galt, in fruchtbaren Tälern –mit fatalen Konsequenzen. Experten der FAO schätzen, dass in Zukunft allein für Wohnen und Arbeiten Bodenreserven von 100 Millionen Hektar verbraucht werden. Zum Vergleich: In den vergangenen 20 Jahren verschlangen die wachsenden Städte „nur" zwei Millionen Hektar (UNEPGO 2007).

Wachsender Wasserstress

Neben der bloßen Flächenkonkurrenz zeichnet sich an einer zweiten Front wachsende Knappheit ab: Es ist der Kampf um das knapper werdende Wasser. Trinkbares Wasser entwickelt sich zu einem der knappsten Güter einer wachsenden Weltbevölkerung. Rund 3.800 Kubikkilometer Wasser standen im Jahr 2010 für den Durst der Welt zur Verfügung. Der größte Teil (70 Prozent) davon floss auf die Felder der Bewässerungslandwirtschaft, besonders in den Ländern des Südens. Die Industrie beansprucht 20 Prozent, und für die Menschen reichen bisher 10 Prozent des globalen Wasservorrats.

Jedoch, die Nachfrage nach Wasser wächst weltweit pro Jahr um rund 60 Milliarden Kubikmeter. Das trifft vor allem die großen Flusslandschaften: die Täler des Gelben Flusses und des Perlflusses in China, des Indus, aber auch die Flusssysteme von Nil, Mississippi, Euphrat und Tigris. Hier werden die Pumpen mehr als 100 Kubik-Kilometer Wasser pro Jahr zusätzlich fördern müssen, Tendenz weiter steigend: bis zur Mitte des Jahrhunderts um das Acht- bis Zehnfache.

Künftige Hotspots für Wasserkonflikte ziehen sich rund um den Globus: vom Westen der USA, wo der Colorado River bis auf den letzten Tropfen von Landwirtschaft und Industrie ausgewrungen wird, über den Aralsee, einst der viertgrößte Binnensee der Welt und heute fast ausgetrocknet, bis nach Nordafrika, wo fast alle Staaten aus einem gemeinsamen Grundwasserreservoir unter der Sahara pumpen. Doch dessen Ende ist absehbar, es könnte schon in wenigen Jahrzehnten erreicht sein. In Indien und Bangladesch haben mehr als eine Million Pedalpumpen bereits so viel Grundwasser abgepumpt, dass Arsen, das natürlich in tieferen Erdschichten vorkommt, mit an die Oberfläche gespült wird.

Auch China, dessen heißer Norden immer mehr Wasser für seine Felder braucht, steckt in der Klemme. Zur Entlastung plant die Regierung ein Kanalsystem, das das Wasser des größten Flusses Chinas umleiten soll, um das unter Wassernotstand leidende Peking zu versorgen. Doch damit verlagert China nur sein Wasserproblem in die flussabwärts liegenden Provinzen. Auch wenn dies heute am Reißbrett noch keine Fragen aufwirft, weil der Jangtse derzeit noch genügend

Wasser führt, könnte sich das ändern. Denn die Gletscher im Himalaja, die bisher einen Teil des Jangtse-Wassers speisten, werden im Klimawandel abschmelzen. Genauso in Indien, wo der Indus den Osten des Landes bewässert. Auch er könnte eines Tages weit weniger Wasser führen, wenn seine Quellen im Himalaja im Klimawandel versiegen. In der Konsequenz könnte dies für Hunderttausende unfruchtbare Äcker und Millionen Farmer das Aus bedeuten (Bommert 2009, 141).

Auch am Nil spitzen sich Nutzungskonflikte zu. Das Wasser des Nils ist zwar seit 1929 durch die Nilwasser-Konvention aufgeteilt. Die damalige Kolonialmacht England hatte Ägypten den größten Teil zugesprochen. Doch seit dem Jahr 2010 wendet sich das Blatt. Die bisher rechtlosen Staaten am Oberlauf des Flusses trafen ihr eigenes Abkommen. Äthiopien, Uganda, Ruanda und Tansania teilten das Wasser des Nils nach ihren Interessen neu auf. Der zunehmende Bevölkerungsdruck zwingt sie dazu. 330 Millionen Menschen lebten 2009 vom Wasser des Nils. Die Vereinten Nationen gehen davon aus, dass sich diese Zahl bis 2050 verdoppeln wird (Deutsche Stiftung 2010) - ein ernst zu nehmendes Konfliktpotenzial, das sich noch dadurch verstärkt, dass Südkorea, Indien, China und die Golfstaaten seit 2008 am oberen Nil Land aufkaufen. Sie beanspruchen das Wasser für ihre Latifundien (Brown 2011). Die Konkurrenz um Wasser, sowohl auf als auch unter der Erde, schlägt zwangsläufig durch bis auf die Bodenfruchtbarkeit. Wo Wasser fehlt, wird sie sinken und damit die Knappheit an Boden weiter verschärfen.

Das Ende des Düngers

Wachsende Konkurrenz könnte sich auch aus einem Phänomen entwickeln, das bisher kaum beachtet wurde: zunehmende Knappheit und Teuerung bei Düngerrohstoffen. Stickstoffdünger ist der wichtigste Treibstoff der intensiven Landwirtschaft. Er selbst ist das Produkt des Haber-Bosch-Verfahrens. Mit ihm kann der Stickstoff aus der Luft gebunden werden, aber dies benötigt erhebliche Mengen an Energie. Ein Kilogramm Stickstoff kostet den energetischen Gegenwert von einem Litern Diesel (Kowalewsky, 15ff.). Heute wird auf deutschen Äckern allein für den Stickstoffdünger die Energie von umgerechnet 174 Liter Diesel pro Hektar aufgewandt. Das mag sich bei Ölpreisen von weniger als 50 US-Dollar pro Barrel noch rechnen. Doch das Ende des Erdöls könnte dies dramatisch ändern.

Ähnliches gilt für den Düngerrohstoff Phosphat. Während eine Tonne Rohphosphat, der Ausgangsstoff des Phosphatdüngers, 2006 noch für 44 US-Dollar zu haben war, explodierte der Preis in der Folge und erreichte im August 2008 das Allzeithoch von 430 US-Dollar (BAFU 2009). Dies war ein Vorzeichen auf das, was noch kommen wird. Der Höhepunkt des Abbaus, der Peak von Rohphosphat, könnte schon 2030 erreicht sein, prognostizieren Rohstoffforscher an der Universität Sydney. „Die Zeiten billiger Düngemittel gehören der Vergangenheit an", folgert Dr. Dana Cordell vom Institute for Sustainable Futures (Davis 2010). Die fehlende Intensität an Dünger wird durch mehr Fläche ausgeglichen werden müssen, und damit wächst auch die Nachfrage nach „Neu-Land".

Mehr Brot, mehr Fleisch

Der zunehmenden Knappheit auf der Produktionsseite steht der wachsende Bedarf auf der Nachfrageseite gegenüber. Zum Ende des Jahrhunderts wird die Erde voraussichtlich mehr als 10 Milliarden Menschen ernähren müssen, davon einen wachsenden Teil mit Fleisch. Schon heute wird für den Hunger der Mastfabriken mehr als ein Drittel der globalen Ackerfläche geopfert.

Am schnellsten wächst die Lust auf Fleisch in China. Fleisch, das bedeutet für Chinesen vor allem Schweinefleisch. Im Speckgürtel der Metropolen schießen immer mehr Mastfabriken aus dem Boden, die in ihrer Größe die europäisch-amerikanischen Vorbilder längst überholt haben. Schon 2010 wuchsen in chinesischen Ställen 660 Millionen Schweine auf. Das entspricht der Hälfte dessen, was weltweit vom Schlachtband rollt (Schneider 2011). Chinas Äcker reichen nicht aus, um den Hunger der Mastanlagen zu stillen. Die Importe steigen dramatisch, bei Soja um das Hundertfache (von 500 000 auf 50 Millionen Tonnen) innerhalb von 10 Jahren. Umgerechnet entspricht dies einer Fläche (bei 3 Tonnen Ertrag pro Hektar) von rund 17 Millionen Hektar. Das sind 5 Millionen Hektar mehr als die gesamte Ackerfläche Deutschlands. Und der Futtermittelbedarf boomt weiter. Die Prognosen rechnen mit einem Plus von jährlich 12 Prozent.

Wenn wir die Schätzungen der FAO als Grundlage nehmen, dann müssten die Ernten für die zukünftige Weltbevölkerung um 70 bis 100 Prozent wachsen. Mit maßgeblichen Zuwächsen bei der Produktivität ist aus heutiger Sicht jedoch kaum noch zu rechnen. Dazu fehlt es an

Forschung und Innovation. Unter dem Strich würden die Ackerflächen der Welt verdoppelt werden müssen, um den Bedarf an Brot und Fleisch zu bedienen. Hinzu kommt die Fläche, die für die eingeschlagene Bioenergiepolitik gebraucht werden wird, vor allem in den Industrie- und Schwellenländern.

Amerika will ein Drittel, Europa 20 Prozent seiner Flächen für seine Pkw- und Lkw-Flotte abzweigen. Der Ölpreis wird damit zur treibenden Kraft auch für die Boden- und Nahrungsmittelmärkte. Auf rund 40 Prozent schätzte die Weltbank seinen Anteil an den Preissteigerungen von 2008 (Wise 2013). Wie sich am Verlauf des World Food Price Index der FAO bereits seit 2008 erkennen lässt, bedeutet die Entwicklung von Angebot und Nachfrage bei schwindender Bodenfläche vor allem eins: zunehmende Preissprünge.

Auch die Wissenschaft hilft hier nicht aus der Klemme. Bahnbrechendes aus der Züchtungsforschung, das die Ernten noch einmal nach oben treiben könnte, ist nicht zu erwarten. Seit Mitte der 1990er Jahre tendiert der Zuwachs bei Weizen, dem wichtigsten Nahrungsmittel des Westens, gegen 1 Prozent (Preuße 2009), zu wenig, um eine Nachfrage, die um 1,8 Prozent wächst, abzufedern. Auch die Versprechen der Gentechnik, der Welt einen neuen Ertragssprung zu ermöglichen, haben sich nicht erfüllt.

In diesem Szenario von schrumpfenden Ressourcen und steigender Nachfrage wirkt der Klimawandel wie ein Brandbeschleuniger. Wenn wir den Hochrechnungen trauen dürfen, wird Südeuropa davon genauso betroffen sein wie der Osten der USA, der Südosten Asiens ebenso wie der größte Agrarexporteur der Welt: Brasilien, und das schon in der ersten Hälfte des 21. Jahrhunderts mit verheerenden Folgen, warnt der Klimawissenschaftler Aiguo Dai im Sommer 2013 in der renommierten Zeitschrift Nature (Dai 2013).

„Big Five", fünf Puffer

Ein Dilemma ohne Ausweg? Nur auf den ersten Blick. Bei genauerem Hinsehen erkennt man im heutigen System der Welternährung gigantische Spielräume, durch die der aufgeheizte Markt für Boden auf mittlere Sicht erheblich abgekühlt werden könnte. Es handelt sich um fünf große Puffer. Diese „Big Five" wurden bisher von der Politik weder in ihrer Tragweite erkannt noch als politische Hebel in Betracht gezogen und schon gar nicht genutzt. Allen gemeinsam ist, dass sie erheblichen Druck aus Boden- und Lebensmittel-Märkten nehmen könnten, dass sie den Trend zunehmender Knappheit brechen, mehr noch, dass sie ein unglaubliches Potential von Nahrung und Boden erschließen und die globale Klimabilanz erheblich verbessern könnten; und schließlich, dass sie die politische Entspannung schaffen könnten, die für einen klimaverträglichen Umbau der Weltagrarlandschaft notwendig wäre.

1. Nahrungskette

Der größte Puffer liegt in der Nahrungskette selbst. Mehr als 50 Prozent der Nahrungsmittel erreichen auf dem Weg vom Acker zum Teller ihr Ziel nicht. Sie verfaulen auf den Feldern, verderben beim Transport, verkommen in den Kühltheken der Supermärkte oder in den Kühlschränken der Konsumenten. Ihr Schicksal wurde bisher ignoriert, weil es nie an Nachschub mangelte und der Preis kein Nachdenken lohnte. Das aber hat sich mit dem Jahr 2011 geändert. In Deutschland brachte der Film „Taste the Waste" den Skandal an die Öffentlichkeit. Seither ist der Abfall ein Politikum geworden, denn er macht klar: Wenn wir es uns leisten können, mehr als die Hälfte unserer Ernten in den Müll zu werfen, dann gibt es keinen wirklichen Anlass, von Knappheiten zu reden. Es gibt keinen Zwang zu stetig steigenden Preisen, weder bei Nahrungsmitteln noch beim Boden.

Food Waste ist die Folge von Missmanagement und Ignoranz. Das beginnt bei den europäischen Handelsnormen, die eine normale Gurke mit der falschen Krümmung als Müll deklarieren und die die Kartoffel mit der falschen Größe als nicht verkehrsfähig stempeln, die mit Haltbarkeitsdaten selbst Essbares zu Ungenießbarem abwerten und Verkaufsnormen aufstellen, die eine immer volle Brottheke fordern, auch wenn es gar keine Kundschaft mehr gibt. Hinzu kommt unser privates Missmanagement, unsere Einkaufs- und Konsumgewohnheiten, die uns dazu bringen, viel zu viel zu kaufen und in unseren Kühlschränken zu horten bis es schlecht geworden ist. Etwa 80 Kilo Lebensmittel landen pro Person und Jahr zwischen Pflug und Pfanne im Müll, genug, um eine doppelt so große Weltbevölkerung zu ernähren. Das entspricht umgerechnet einer Fläche von 600 Millionen Hektar, die für die Bedürfnisse kommender Generationen zur Verfügung stehen könnte, umgerechnet das Fünfzigfache der Deutschen Ackerfläche.

2. Weniger Fleisch

Wenn wir die Flächen hinzurechnen, die heute für die Rohstoffe von Fastfoodketten und *Convenience-Regalen* verarbeitet werden und die bei rund 2 Milliarden Menschen für akutes Übergewicht und Fehlernährung sorgen, dann könnten noch einmal erhebliche Produktionsflächen, mehr als 100 Millionen Hektar, eingespart werden. Unterstützt werden könnte dieser Trend noch durch eine klimaverträgliche Fleisch-Diät. 120 Kilo Fleisch pro Kopf, wie in den USA, kann nicht der Maßstab für eine enkeltaugliche Welternährung sein. Besonders die Industrieländer müssen hier andere Signale setzen. Der Weg dorthin führt über die Großküchen von Universitäten, Schulen und Kantinen, von Behörden und Unternehmen. Sie müssten vorangehen bei der Umstellung von Fleisch- zu Gemüsetellern.

3. Biosprit unrentabel

Auch im sogenannten Biokraftstoff liegt ein großer und wachsender Puffer. Rein ökonomisch betrachtet, dürften Pflanzen wie Mais, Weizen und Raps ohnehin nicht für Biosprit angebaut werden. Was sie auf den Äckern hält, sind diesseits und jenseits des Atlantiks gewaltige Subventionen. Schon 2006 flossen rund 3,7 Milliarden Euro an Steuergeld in den Biospritsektor Europas, in den USA waren es 6 Milliarden US-Dollar. Wenn die gestrichen würden, wären nicht nur mehrere Millionen Hektar für Nahrungszwecke frei, sondern auch Steuergelder in Milliardenhöhe. Sollten die USA und Europa ihre Biospritpläne auf Null zurückfahren, dann würden in den kommenden zwanzig Jahren mehr als 30 Millionen Hektar Ackerland für die Produktion von Nahrungsmitteln frei.

Die Einsparungen, die durch die Korrekturen bei der Verschwendung von Nahrungsmitteln, Fehlernährung, Fleischverbrauch und Biosprit gewonnen werden können, entsprechen dem Ertrag von mehr als 600 Millionen Hektar, also mehr als der Hälfte der Weltagrarfläche.

4. Landgewinn

Zusätzliches Land könnte wieder gewonnen werden, wo es durch Fehler seiner Bewirtschafter in den letzten Jahrzehnten verloren ging. An Methoden zur Bodensanierung mangelt es nicht. Die Inkas haben das

Wunder der Terra Preta entdeckt, und Wissenschaftler beleben die Methode neu. Der Humus als Rückgrat der Bodenfruchtbarkeit erhält wieder Beachtung in der Praxis. Effektive Mikroorganismen (EM) warten darauf, gestörtes Bodenleben wieder ins Gleichgewicht zu bringen. Die Betriebe des Biologischen Landbaus gehen auf dem Weg voran, Ökologie und Ökonomie wieder ins Lot bringt. Um mit diesem Mittel den Boden wiederzugewinnen, muss allerdings das Wissen um die Lebenskraft im Boden wieder auf die Höfe und in die Ausbildung der Jungbauern gebracht werden. Aber auch das wäre kein wirkliches Problem, es könnte durch neue, bodennahe Lehrpläne und Ausbildungsprogramme gelöst werden. Insgesamt geht es um eine Fläche von mehr als 300 Millionen Hektar.

5. Agrarforschung wiederbeleben

Noch mehr politischer Spielraum könnte gewonnen werden, wenn Forschung, Ausbildung und Beratung wieder den Stellenwert bekommen würden, den sie in der Nachkriegswelt nach 1945 einmal hatten, als es darum ging, die Brotkörbe zu füllen. Doch nachdem die industrielle Revolution auf den Äckern die Erträge in nie gekannte Höhen getrieben hatte, wurde dieses Forschungsfeld für die öffentliche Förderung uninteressant. Das muss sich ändern.

Voraussetzung dafür ist jedoch, dass die finanziell und personell ausgetrockneten Agrarforschungszentren und Universitäten weltweit die notwendigen Mittel bekommen. Es geht vor allem um neue Formen einer Low-Input-Bewirtschaftung, die mit weniger Energie, Wasser und Düngerrohstoffen höhere Erträge zustande bringen kann. Die Zeit drängt. Der Wissenschaftliche Beirat der Bundesregierung Globale Umweltveränderungen sieht im Umbau der Weltagrarlandschaft eine der wichtigsten Aufgaben dieses Jahrzehnts.

Tatsächlich ließe sich die wachsende Knappheit auf den Äckern der Welt überwinden. Die Jagd auf die Äcker der Welt könnte abgeblasen werden – aus Mangel an Gewinnaussichten. Doch bisher sieht es nicht so aus, als ob dieses Bremsmanöver eingeleitet werden würde.

Die Bodenfrage

So spitzt sich die Lage weiter zu. Wachsende Preisschwankungen führen zu wachsenden politischen Instabilitäten in den Ländern, in denen die Bevölkerung mehr als die Hälfte ihres Einkommens für ihr tägliches Brot ausgeben muss. Wenn den Kapitalinteressen, die seit 2007 den Boden und die Nahrungsmittelmärkte entdeckt haben, keine Zügel angelegt werden, dann droht auch hier, wie an den Kapitalmärkten, der Zusammenbruch. Der GAU, der größte anzunehmende Unfall der Welternährung wäre abzuwenden, allerdings nur zum Preis eines Paradigmenwechsels. Boden müsste ebenso wie Wasser und Luft zu einem Gut erklärt werden, das nur im Einvernehmen mit und zum Wohle der Gemeinschaft genutzt werden darf, zu einem Allgemein-Gut. „Die Früchte gehören euch allen, aber der Boden gehört niemandem", schrieb Jean Jacques Rousseau zu einer Zeit, in der die Menschheit gerade die 1-Milliarde-Marke erreicht hatte. In einer Welt mit sieben und zum Ende des Jahrhunderts mehr als 10 Milliarden Menschen gewinnt Rousseaus Gedanke neue Aktualität. Das 21. Jahrhundert wird den Boden als Grundlage der Welternährung neu entdecken und dem Zugriff privater Gewinn- und Verwertungsinteressen entziehen müssen. Der Druck auf die Politik wächst. Die globale Jagd auf die Äcker der Welt hat gerade erst begonnen.

Literatur

BAFU (2009): Rückgewinnung von Phosphor aus der Abwasserreinigung, Bern.

Bommert, W. (2009): Kein Brot für die Welt, die Zukunft der Welternährung, München, S. 141.

Brown, L. R. (2011): When the Nile runs dry. Earth Policy Release, 07.06.2011.

Dai, A. (2013): Increasing drought under global warming in observations and models. Nature Climate Change 3, 2013.

Davis, M. (2010): Peak phosphate spells end of cheap food. Resource Investor, 7.12.2010.

Deutsche Stiftung zur Weltbevölkerung (2010): Soziale und demographische Daten zur Weltbevölkerung.

Fischer, T. (1991): Prospects for feeding the world and for rural landscapes. Australian Centre for International Agricultural Research, Canberra.

FAO (2008): World agriculture towards 2015/2030, an FAO Perspective, Rom.

Kowalewsky, H.-H.: Energieverbrauch auf dem Acker. Landwirtschaftliche Zeitschrift Rheinland 33, S. 15ff.

Leisinger, Klaus M. (2008): Weltbevölkerungswachstum und die Vernichtung fruchtbarer Böden, Berlin 2008, S. 2.

Montgomery, D. R. (2008): Dirt. The Erosion of Civilizations. Berkeley und Los Angeles, S. 236.

Preuße, T. (2009): Fortschritt auf der Kriechspur. DLG-Mitteilungen 10/2009.

Schneider, M. (2013): Feeding China's Pigs: Implications for the Environment, China's Smallholder Farmers and Food Security. Institute for Agriculture and Trade Policy, New York, 2011.

Wise, T. A. / Brill, A. (2013): Rising to the Challenge: Changing Course to Feed the World in 2050. ActionAid report, Global Development And Environment Institute, Tufts University.

Wissenschaftlicher Beirat der Bundesregierung Globale Umweltveränderungen (Hg.) (1994): Welt im Wandel: Die Gefährdung der Böden. Jahresgutachten, Bonn.

UNEPGEO 4, 2007, S. 86.

Torsten Meireis

Protestantisches Ethos als „Killer-App"?

Die umstrittenen moralischen Ressourcen des Protestantismus und die Nachhaltigkeitsfrage

Anfang des Jahres 2014 ging eine Fotografie um die Welt, die den Tiananmenplatz in Bejing zeigt, auf dem ein riesiger Monitor ein Bild der aufgehenden Sonne wiedergibt, weil sie aufgrund beißenden Smogs nicht zu sehen ist – so jedenfalls die Bildunterschrift entsprechender Zeitungsmeldungen (Daily Mail 2014). Die Aufnahme verdeutlicht auf eindrucksvolle Weise die ökologische Problemlage und wirkt fast wie ein Standbild aus einem der im zeitgenössischen Hollywoodkino so beliebten postapokalyptischen Szenarien. Der Begriff der „Killer-Applikation", der nach Angaben des Merriam Webster Wörterbuchs (2014) aus der Computersprache stammt und Anwendungen bezeichnet, um derentwillen Verbraucher ein ganzes System einer bestimmten Technologie erwerben und der im Marketing zu einem Schlagwort für Produkteigenschaften wird, mit deren Hilfe man Konkurrenzprodukte aus dem Feld schlägt (Downes, Mui, Negroponte 2000), bekommt in Anwendung auf die so verwendete Technik einen zweifellos nicht intendierten, doppelten Sinn.

Auch aus diesem Grund trägt dieser Vortrag einen Titel, der zum Generalthema dieses Bandes zunächst einmal so gar nicht zu passen scheint und die Frage nahelegt, was eine solche Konzeption des protestantischen Ethos mit denjenigen christlichen Intuitionen zu tun haben könnte, die dazu führten, dass Misereor die erste Studie ‚Zukunftsfähiges Deutschland' von 1996 und Brot für die Welt sowie der Evangelische Entwicklungsdienst die zweite Studie von 2008 gemeinsam mit dem BUND herausgegeben haben. In den erwähnten Bänden geht es nämlich um Nachhaltigkeit und die für sie sprechenden „moralischen und ethischen Gründe, die auch auf dem christlichen Glauben beruhen: das Gebot der Liebe, das Teilen mit dem fernen Nächsten, die Bewahrung von Gottes Schöpfung" (Breyer, Frein 2009, 3). Das gemeinsame Anliegen können die Herausgebenden der Studie in ihrem Vorwort so zusammenfassen: „Wir teilen dabei miteinander die Überzeugung, den gegenwärtigen Krisen mit Hoffnung begegnen zu können. So haben wir an das Ende der Studie den Satz von Antonio Gramsci aus seinen Gefängnisbriefen gestellt: ‚Ich bin ein Pessimist im Verstand, doch ein Optimist im Willen.' Christinnen und Christen mögen ergänzen: ‚Auf dem Weg der Gerechtigkeit ist Leben' (Spru□che 12,28) (vgl. ZD II, 3)."

Doch der Zusammenhang von christlichem Glauben in seiner protestantischen Variante und einem emphatischen Verständnis von Nachhaltigkeit ist weder so wohletabliert und selbstverständlich, dass sich die theologische Explikation erübrigte, noch ist er eine im Überfluss vorhandene moralische Ressource gesellschaftlicher Transformation, die es nur anzuzapfen gälte, zumal sich religiös-moralische Vorstellungen auf Grund ihrer Eigendynamik in der Regel der Instrumentalisierung für bestimmte Projekte entziehen. Er ist vor allem nicht so evident, wie es vielleicht vielen evangelischen Christinnen und Christen aus der Generation der Baby-Boomer, kirchlich sozialisiert im Geist des konziliaren Prozesses für Frieden, Gerechtigkeit und Integrität der Schöpfung, der anlässlich der Vollversammlung des ÖRK in Vancouver 1983 initiiert wurde, scheinen mag. Um Missverständnisse zu vermeiden, möchte ich betonen, dass meiner theologischen Auffassung nach vieles für einen solchen Zusammenhang spricht. Aber er ist keineswegs so offensichtlich, dass es genügte, die Begründung für die protestantische Beteiligung mit einigen Schlagworten und Schrift- oder Klassikerzitaten für erledigt zu halten, wie es zuweilen geschieht. Eine Begründung und Explikation der Nachhaltigkeit aus protestantischer Sicht aber existiert bisher nicht, die Klassiker ökologischer Theologie – Gerhard Liedkes „Im Bauch des Fisches" (1979), Günter Altners „Ökologische Theologie" (1989), Jürgen Moltmanns „Gott in der Schöpfung" (1985) – stammen aus den Siebzigern oder Achtzigern des vergangenen Jahrhunderts; das Werk, das in seiner umweltethisch motivierten Untersuchung der Kategorie des Maßes einer Nachhaltigkeitsbegründung noch am nächsten kommt, ohne diese aber zu fokussieren, Christoph Stückelbergers „Umwelt und Entwicklung" (1997), stammt aus dem Jahr 1997. Natürlich kann man nun mit Niklas Luhmann (1986, 183–191) danach fragen, ob religiöse Kommunikation in dieser Frage überhaupt etwas auszutragen vermag, und die Ansicht vertreten, sie könne nur die allgemein bereits bekannten Probleme in Bezug auf Gott reformulieren. Allerdings verkennt diese Kritik erstens, dass die moralische Perspektive für die Problembeschreibung bedeutsam ist und die christliche Sichtweise insofern reicher ist, als es der bloße Hinweis auf den Gottesbezug suggeriert, zweitens, dass religiöse Semantik dabei helfen kann, moralische Intuitionen auszudrücken, für die es – jedenfalls bisher – noch keine säkulare Sprache gibt (Baranzke 2002, 43), und drittens, dass Probleme im christlichen Kontext nur schwer ohne jeden Bezug auf Christus zu beschreiben sind. Dass dies auch praktische Bedeutung hat, zeigt der Hinweis einer kirchlichen Entwicklungsdezernentin anlässlich einer jüngst im Kontext der Debatte um die Große Transformation veranstalteten umweltethischen Diskussion zur Rolle der Kirchen: Sie beschrieb den Eindruck, dass die moralischen Ressourcen derjenigen Kirchenglieder, die ohnehin in Fragen der Nachhaltigkeit bereits überzeugt sind, annähernd erschöpft seien, sodass es wichtig sei, auch andere zu gewinnen, wofür es aber eben auch theologischer Argumente bedürfe.

Um nun die Notwendigkeit theologischer Explikation, soziologischer Selbstreflexion und Überzeugungsarbeit im Kontext der Nachhaltigkeit vor Augen zu führen, möchte ich mit einer ganz anderen Deutung und Plausibilisierung protestantischer Ethik einsetzen, indem ich knapp den Rekurs des britischen Historikers Niall Ferguson auf das protestantische Ethos vorführe, der sich seit einiger Zeit weltweit hoher Popularität erfreut und auf dessen Formulierungen der etwas reißerische Titel auch dieses Aufsatzes zurückgeht. In einem zweiten Schritt möchte ich an einer kurzen Erörterung der berühmt-berüchtigten Max-Weber-These über die Bedeutung des protestantischen Ethos für den Kapitalismus zeigen, warum die theologische Selbstreflexion auch die soziologische Gestalt christlicher Gruppierungen und Organisationen und die nicht beabsichtigten Wirkungen religiöser Praxen und Auffassungen einschließen muss. Im dritten Schritt möchte ich einige Überlegungen zum Zusammenhang von protestantischen Vorstellungen, empirischen Auswirkungen solcher Vorstellungen und Nachhaltigkeit anstellen.

1. *Niall Ferguson: Das protestantische Ethos als Killer-App*

Der englische Historiker Niall Ferguson, Fachmann für die Finanzgeschichte der 20er Jahre des 20. Jahrhunderts, der in Harvard, Oxford und Stanford lehrt, in den USA lebt und 2004 von TIME als einer der 100 einflussreichsten Menschen der Welt bezeichnet wurde (Time 2004), tritt seit einiger Zeit auch mit populärwissenschaftlichen Werken an die Öffentlichkeit, die sich blendend verkaufen. In seinem vorletzten, 2011 erschienenen Werk, das auf Englisch schlicht „Civilization. The West and the Rest" betitelt ist und zu Deutsch als „Der Westen und der Rest der Welt. Die Geschichte vom Kampf der Kulturen" (2011) erschienen ist, nimmt er in bezeichnender Weise Bezug auf den Protestantismus. Ziel des Buches ist die historische Analyse der fünfhundertjährigen Vorherrschaft des Westens, der Ferguson – trotz klaren Bewusstseins ihrer Ambivalenz – auf Grund ihrer Errungenschaften für das tägliche Leben der meisten ihrer Bürger und ihrer paradigmatischen Funktion für Ökonomie und Politik uneingeschränkt positiv gegenübersteht:[1] „Natürlich ist die westliche Zivilisation alles andere als perfekt. Sie hat ihren Anteil historischer Untaten beigetragen, von den Brutalitäten des Imperialismus bis zu den Banalitäten der Konsumgesellschaft. (…) Dennoch scheint dieses westliche Paket den menschlichen Gesellschaften das beste überhaupt erhältliche Arrangement ökonomischer, sozialer und politischer Institutionen anzubieten – dasjenige nämlich, das in höchstem Maße das Potential besitzt, diejenige individuelle Kreativität zu entbinden, die notwendig ist, um die Probleme des 21. Jh. zu lösen" (Ferguson 2011, 6. Work. Conclusion)[2]. Für sie, so der Autor, lohne es sich zu kämpfen, zumal „die größte Bedrohung der westlichen Zivilisation nicht von anderen Zivilisationen, sondern von unserer eigenen Verzagtheit und der historischen Ignoranz [ausgehe], die sie speist" (ebd.). Weil Ferguson überzeugt ist, eine Zivilisation bestehe vor allem „aus den Texten, die in ihren Schulen gelehrt, von ihren Schülern gelernt und in Zeiten der Anfechtung erinnert werden"(ebd.), sucht er die kulturellen Kernfaktoren zu isolieren, die seiner Ansicht nach zur Verbreitung der westlichen Zivilisation beigetragen haben. Sie bestehen aus sechs von ihm so genannten „Killer-Applikationen", also Anwendungen, die konkurrierende Entwürfe aus dem Feld geschlagen haben – er nennt Wettbewerb, Wissenschaft, die liberale Demokratie des Privateigentums, Medizin, Konsum und: das protestantische Arbeits- und Bildungsethos.

Dabei erscheint ein sehr anderes Bild des Protestantismus als dasjenige von Frieden, Gerechtigkeit und Bewahrung der Schöpfung. Im

---

1 „To be sure, there has been much talk in the wake of global financial crisis about alternative Asian economic models. But not even the most ardent cultural relativist is recommending a return to the institutions of the Ming dynastie or the Mughals" (Ferguson 2011, Introduction).

2 Zitation nach Abschnitten (kindle e-book), eigene Übersetzungen.

Kern orientiert sich Ferguson kritisch an der Protestantismus-Kapitalismus-These Max Webers, die im nächsten Abschnitt ausführlicher Thema sein soll. Ferguson argumentiert, dass es vor allem die mit der Lese- und Schreibfähigkeit einhergehenden Bildungsbemühungen des reformatorischen Protestantismus und seiner Mission sowie das unter Protestanten vorherrschende vergleichsweise hohe Niveau wechselseitigen Vertrauens im Verbund mit der ökonomisch bremsenden Wirkung der Gegenreformation gewesen seien, die zu einer signifikanten Steigerung des ökonomischen Erfolgs vorrangig protestantischer Populationen geführt hätten. Die Differenz von zunehmender kultureller Säkularisierung, leeren Gottesdiensten und schwindenden Kirchenmitgliederzahlen in Europa und hoher nordamerikanischer Religiosität erklärt er mit der von dem religionsökonomischen Ansatz von Iannacone (1998) propagierten Beschreibung der religiösen Konkurrenzökonomie, die sich in den protestantischen Denominationen der USA durch die Staatsunabhängigkeit ausgebildet habe. Während Ferguson (2011, 6. Work, Get your kicks) dann aber beklagt, dass der moderne amerikanische Christ in den USA Gott nicht mehr als Vater, Sohn und Heiligen Geist, sondern nur noch als Gott, den Analysten, den Jammeronkel und den persönlichen Coach sehe, geht er (2011, 6. Work, The Chinese Jerusalem) zur spektakulär zunehmenden Verbreitung des Protestantismus in China über, die er mit dem wirtschaftlichen Erfolg kurzschließt, weil der Protestantismus ein Ethos propagiere, das Arbeit, ethische Orientierung und Erfolg verbinde und wechselseitiges Vertrauen erzeuge, das im Kontext eines korrupten Apparates anziehend sei. Während es 1949 500 000 Protestanten in China gegeben habe, seien es heute 40 Millionen, zu denen noch 20 Millionen Katholiken zu zählen seien. Es ist nicht schwer zu sehen, was er empfiehlt: Der bekennende Atheist hält die christliche Moral nicht nur für ein sinnvolles zivilisierendes Instrument, sondern auch persönlich für einen angemessenen Kodex des guten Lebens (Ferguson 2008).

Wem dieser Typus der Schilderung nun als sehr amerikanisch erscheint (obgleich sein Autor Brite ist), der sei an den deutschen Lutheraner Friedrich Wilhelm Graf (1999, 665) verwiesen. Angesichts der zunehmenden ökonomischen Globalisierung prognostiziert er: „Christliche Gemeinschaften, die die Autonomie und Eigenverantwortung der Individuen stärken, ein Ethos der aktiven, leistungsorientierten, kreativen Lebensführung vermitteln und zugleich Netzwerke wechselseitigen Vertrauens schaffen sowie kleine Inseln der Solidarität bauen helfen, dürften sich in einer Situation weiterer Pluralisierung der Religion besser behaupten können als Gruppen oder Kirchen, die sich auf eine bloße Abwehrhaltung zum globalen Kapitalismus versteifen."

Beide Protagonisten, so jedenfalls scheint es, gehen darin konform, dass das Wesen des sozial wirksamen Protestantismus im modernen pluralistischen Kontext der Konkurrenz religiöser und weltanschaulicher Angebote weniger in einer moralischen Haltung besteht, die auf Suffizienz und weltweite Gerechtigkeit zielt und eine auf steigenden Ressourcendurchsatz beruhende Wirtschaft kritisiert, sondern in einer Betonung der individuellen Freiheit und Verantwortung sowie einer Bildungsorientierung, die Leistungs- und Konkurrenzorientierung durchaus ein-, Inseln der Solidarität aber nicht ausschließt, eine Verbesserung der Welt, wie sie etwa in den Nachhaltigkeitsdiskursen gefordert wird, freilich höchstens am Rande in den Blick nimmt.

Konsultiert man nun noch die aktuelle empirische Religionsforschung, wie sie etwa der Religionsmonitor oder die Kirchenmitgliedschaftsuntersuchung der EKD bieten, wird die Herausforderung noch schärfer: Bereits die vierte Kirchenmitgliedschaftsstudie der EKD von 2003 kam zu dem Ergebnis, dass die Mehrzahl der befragten Evangelischen zwar Protestantismus mit einem moralischen Lebensstil verbindet, darin aber nun gerade keine orientierenden Beiträge der – in der Regel vorrangig als Organisation verstandenen – Kirche erwartet und auch hinsichtlich explizit theologischer Fragen eher zurückhaltend ist; zentrale Konsequenzen sind individuelle Anständigkeit, Verlässlichkeit, Gewissensfreiheit und Toleranz: „Evangelischsein wird als eine selbstverantwortete Haltung der Gewissensbindung und Anständigkeit definiert, die den anderen in seinen differenten Überzeugungen achtet, fu□r sich selbst denselben Respekt einfordert und zu vorgegebenen institutionellen Anforderungen auf Distanz geht – und zwar je mehr, desto enger sie formuliert sind. (...) Fast hat man den Eindruck, dass nur das als Eigenschaft des Evangelischseins akzeptiert wird, was man auch selbst zu erfüllen bereit ist. Wenn daran etwas Richtiges ist, dann würde das bedeuten, dass sich die Mehrheit der Kirchenmitglieder durchaus um Übereinstimmung mit den kirchlichen Erwartungen bemüht, diese Übereinstimmung aber nur so erlangen kann, dass sie die Institution gleichzeitig auf Distanz hält" (Weltsichten 2003, 19). Dazu kommt, dass Erwartungen an die Kirche vor allem mit Verkündigung (72 %), konkreter diakonischer Arbeit (77 %) und ritueller Lebensbegleitung (78 %), aber gerade nicht mit politischer (22 %) oder gesellschaftlicher (sich um Arbeitsalltag und Berufsleben kümmern:

27 %) Orientierung verknüpft werden (ebd. 26). Dem entspricht, dass der moralische Lebenswandel (Bemühen, ein anständiger und zuverlässiger Mensch zu sein: 94 %), Gewissensfreiheit (seinem Gewissen folgen: 90 %) und Toleranz (die Freiheit anderer achten, 89 %) die höchsten Werte in der Frage nach den zentralen Aspekten evangelischer Existenz erhalten, Gottesdienstbesuch (56 %), Ausrichtung an der Botschaft Jesu (53 %) oder Abendmahlsteilnahme (34 %) aber eher auf den hinteren Plätzen rangieren. Nach Ergebnissen des Religionsmonitors (2007, 7) sehen hochreligiöse Menschen Alltagskonsequenzen vor allem in der Deutung krisenhafter Lebensereignisse, im Verhältnis zur Natur sowie zu Partnerschaft und Kindererziehung, nicht aber in Freizeitgestaltung, Arbeitsleben und politische Orientierung: „So wurden die religiösen Deutschen zunächst befragt, ob sich ihr Glauben auf bestimmte Lebensbereiche auswirkt. Wie zu erwarten haben deren Überzeugungen den größten Einfluss, wenn es um bestimmte einschneidende Lebensereignisse wie Geburt, Heirat oder Tod geht. Die nächststärkere Korrelation besteht zwischen dem Glauben eines Menschen und seinem Verhältnis zur Natur. Je religiöser die Befragten waren, umso häufiger erklärten sie, dass ihr Glaube einen entscheidenden (positiven) Einfluss auf ihr Verhältnis zur natürlichen Umwelt habe. Als Weiteres gaben sie an, dass er einen großen Einfluss auf die Bewältigung von Lebenskrisen, auf die Frage nach dem Sinn des Lebens oder beim Umgang mit Krankheiten hätte. Ein signifikanter Zusammenhang besteht offensichtlich auch zwischen religiösen Überzeugungen und der Gestaltung zwischenmenschlicher Partnerschaft oder der Kindererziehung. Kaum Einfluss hat Religion aber offensichtlich darauf, wie Menschen ihre Freizeit verbringen, wie sie sich im Arbeitsleben und Beruf verhalten oder auf ihre politische Einstellung." Damit aber stellt sich die Frage, wie mit einer solchen, stärker auf die messbaren sozialen Wirkungen als die normativen Erwägungen einzelner Protagonisten abstellenden Einschätzung des Protestantismus umzugehen sei, wenn es um die moralischen Ressourcen im Kontext von Nachhaltigkeit und Zukunftsfähigkeit geht.

2. *Die Weber-These und die Frage nach der sozialen Bedeutung des protestantischen Christentums*

Wie just ausgeführt, bezieht sich Ferguson wesentlich auf die berühmte These des deutschen Juristen und Sozialwissenschaftlers Max Weber, die dieser in seiner Aufsatzsammlung „Die protestantische Ethik und der Geist des Kapitalismus“ (1920) entfaltet hatte. Ausgehend von der an Daten aus dem damaligen Baden gewonnenen Beobachtung, dass vorrangig von Protestanten bewohnte Landstriche höhere Bildung und Prosperität genießen als solche mit katholischer Mehrheitsbevölkerung, suchte Weber nach einer Deutung dieses Phänomens, die gleichzeitig als Baustein seiner vor allem auf Entzauberung und Rationalisierung abhebende Theorie der Entstehung der modernen Welt fungieren sollte. Weber hatte nämlich auch festgestellt, dass Menschen von sich aus keineswegs diejenige Initiative und dasjenige Erwerbsstreben eignet, das der Kapitalismus fordert, vielmehr tendieren sie traditional eher dazu, sich mit Gegebenem zu bescheiden. Weber gelangte zu der Einsicht, dass es das protestantische Ethos gewesen sei, das wesentlich zur Entstehung des modernen Kapitalismus beigetragen habe.

In der Erarbeitung dieser Deutung bezieht sich Weber wesentlich auf die nicht beabsichtigten Folgen zweier reformatorischer Lehrstücke, nämlich der im Berufsbegriff Luthers ausgedrückten Veralltäglichung und Rationalisierung des religiösen Handelns und der vor allem dem reformierten Christentum zugeschriebenen problematischen Verbindung von Prädestination und Heilsgewissheit. Martin Luther hatte auf dem Hintergrund seiner Relektüre des Paulus, die auf die Rechtfertigung des Sünders allein aus Glauben und ohne die Notwendigkeit guter Werke abhebt, starke Kritik am außeralltäglichen religiösen Handeln, das stark mit der Idee der Berufung verbunden war, geübt. Wall- und Pilgerfahrten, besondere Gottesdienste und vor allem das Ordensleben galten ihm als hochproblematisch, weil sie der Vorstellung Vorschub gaben, Gottes Gebote vollständig erfüllen und Verdienste vor Gott erwerben zu können – dies aber, so Luthers eigene Erfahrung, muss verderblich enden, weil wir immer wieder erfahren, dass wir selbst die Sünde eben doch nicht restlos überwinden können. Wenn nämlich die Selbstrechtfertigung durch gute Werke und verdienstliches Handeln uns Menschen als prinzipiell möglich gilt, dann kann individuelles Scheitern nur bedeuten, dass ich als Individuum verloren bin. Daher, so meinte Luther, führt die Vorstellung, durch ein außeralltägliches, heiligmäßiges Leben Gott besonders wohlgefällig zu sein, direkt in Frustration, Verzweiflung und den schließlichen Abfall von Gott, weil man zum Ergebnis kommt, dass man ihm ohnehin nie gerecht werden kann; und aus diesem Grund wurde Luther auch der paulinische Satz des Römerbriefs, dass die Gerechtigkeit aus dem Glauben stammt (Röm 3,21–24), so wichtig. In der Konsequenz argumentierte Luther, dass die Vorstellung einer Sonderberufung zu einer außeralltäglichen religiösen Existenz unsinnig sei – vielmehr müsse jeder Christ und jede Christin sich in doppelter Weise als berufen betrachten: erstens im Herzen zum Glied Christi, das ist der innere Beruf, zweitens aber im Verhältnis zu den anderen Menschen zum Dienst am Nächsten, das ist der äußere Beruf. Die Berufung innen ist für alle gleich, die nach außen aber nicht: Wozu wir berufen sind, so meinte Luther, können wir an unseren gesellschaftlichen Rollen ablesen, und jede alltägliche Tätigkeit, jede Arbeit, die dem Nächsten dient, kann – sofern sie Gottes Gebot nicht eklatant widerspricht – als Beruf gelten (vgl. Meireis 2008, 75–83). Diese Aufwertung der alltäglichen Tätigkeit, der Arbeit, der vita activa gegenüber der vita contemplativa, ist der erste Schritt hin zur oben erwähnten These, sie schließt – und das ist für Weber wichtig – die Ersetzung des religiösen Überschwangs, der religiösen Ekstase durch die nüchterne, rationale Haltung ein, die zur Bewältigung der alltäglichen Arbeit nötig ist. Überflüssig zu sagen, dass der finanz- und fernhandelskritische Luther damit nicht den Kapitalismus oder auch nur eine nur auf das Diesseits gerichtete Haltung fördern wollte, sondern die rechte Vorbereitung zum ewigen Leben.

Der zweite Schritt Webers reflektiert die nicht intendierten Folgen eines eher reformierten Lehrstücks, der prädestinatio gemina oder doppelten Vorherbestimmung – Weber hat hier vor allem die puritanischen Nachfolger der calvinistischen Reformation im Blick, deren umfangreiches Material er akribisch analysiert. Calvin hatte gelehrt, dass Gottes Allwissenheit bedinge, dass er vom Anfang der Zeiten an bestimme, wer erwählt und verworfen werde. Insofern galt eine doppelte Vorherbestimmung: Die einen würden zum Heil, die anderen zur Verwerfung bestimmt. Dieses Lehrelement geriet nun in eine gewisse Spannung zur Rechtfertigungslehre, die auch die Reformierten durchaus voll akzeptierten; denn einerseits soll ich ja glauben und darauf vertrauen, dass die Erlösung in Christus mich als Sünder gerecht macht, dass mir Christi Gerechtigkeit angerechnet wird. Andererseits kann ich es aber nicht wissen, ob ich nicht vielleicht doch zu den Verworfenen gehöre. Ein lebensweltlicher Ausweg ergab sich aus der Idee des syllogismus practicus: Wenn mein Tun im Dienst des Nächsten, also meine alltägliche Arbeit, durch Erfolg sichtbar gesegnet wird und ich mich gleichzeitig nicht verdächtigen muss, diese Arbeit nur um des zeitlichen Gewinns und Lohns willen zu unternehmen, kann ich dies dann nicht als Indiz dafür werten, dass ich zu den Erwählten gehöre? Damit ergibt sich eine Haltung, die Weber als „innerweltliche

Askese" bezeichnete, weil sie rastlosen Erwerb mit dem Verzicht auf Konsum, Luxus und Prestige verbindet, wie es etwa in dem berühmt gewordenen Satz aus einer Predigt John Wesleys (1790), des Begründers des Methodismus, deutlich wird, der sinngemäß lautet: „Erwirb, so viel du kannst, spar, so viel du kannst, gib, so viel du kannst."

Diese Haltung der rationalen, auf innerweltlichen Arbeitserfolg gerichteten Tätigkeit unter Ausschluss von Konsum und Anerkennungsstreben, so Weber, sei es gewesen, die überhaupt erst diejenige Haltung und Mentalität massenhaft hervorgebracht habe, die der moderne Kapitalismus zu seiner Entstehung benötigte. Freilich sei die Notwendigkeit des Mentalitätswandels nun nicht mehr gegeben. In der Moderne, so Webers Analyse, schafft sich der Kapitalismus durch seine Institutionen und den ökonomischen Druck auf den Einzelnen diejenige Haltung rationaler Vorteilsmaximierung selbst, die er benötigt, und kann auf die Religion verzichten, sodass uns heute der „homo oeconomicus", der nur auf sein Eigeninteresse bedachte, rationale Vorteilsmaximierer, als die natürliche Urform des Menschen erscheint, was sie nachweislich nicht ist. Die berühmten, fast prophetisch zu nennenden Worte Webers dazu möchte ich Ihnen nicht vorenthalten (Weber 1920, 203–204): „Der Puritaner wollte Berufsmensch sein, – wir müssen es sein. Denn indem die Askese aus den Mönchszellen heraus in das Berufsleben übertragen wurde und die innerweltliche Sittlichkeit zu beherrschen begann, half sie an ihrem Teile mit daran, jenen mächtigen Kosmos der modernen, an die technischen und ökonomischen Voraussetzungen mechanisch-maschineller Produktion gebundenen, Wirtschaftsordnung zu erbauen, der heute den Lebensstil aller einzelnen, die in dies Triebwerk hineingeboren werden – nicht nur der direkt ökonomisch Erwerbstätigen –, mit überwältigendem Zwange bestimmt und vielleicht bestimmen wird, bis der letzte Zentner fossilen Brennstoffs verglüht ist. Nur wie „ein dünner Mantel, den man jederzeit abwerfen könnte", sollte nach Baxters Ansicht die Sorge um die äußeren Güter um die Schultern seiner Heiligen liegen. Aber aus dem Mantel ließ das Verhängnis ein stahlhartes Gehäuse werden. Indem die Askese die Welt umzubauen und in der Welt sich auszuwirken unternahm, gewannen die äußeren Güter dieser Welt zunehmende und schließlich unentrinnbare Macht über den Menschen, wie niemals zuvor in der Geschichte. Heute ist ihr Geist – ob endgültig, wer weiß es? – aus diesem Gehäuse entwichen. Der siegreiche Kapitalismus jedenfalls bedarf, seit er auf mechanischer Grundlage ruht, dieser Stütze nicht mehr."

Damit aber sind wir schon näher an unserer Frage nach dem Zusammenhang von Protestantismus und Nachhaltigkeit, als uns vielleicht lieb sein kann, und auch die Vorstellung vom protestantischen Ethos als „Killer-App" bekommt einen von Ferguson sicher nicht intendierten, aber beklemmenden Sinn. Denn wenn es die lebensweltliche Ausprägung des Glaubens war, die den Mentalitätsboden des modernen, auf intensiven und stets wachsenden ökonomischen Umsatz und damit auch wachsenden Ressourcendurchsatz gerichteten Kapitalismus allererst mit erzeugt hat, scheinen wir gerade als Protestanten offensichtlich tiefer in dieses System verstrickt, als es nachhaltigkeitstheoretisch opportun ist. Zugleich stellt Webers Vermutung eine Mahnung dar, die in geradezu unheimlicher Weise auf die Nachhaltigkeitsfrage zielt: Ist unser Wirtschaftssystem tatsächlich ein solch „stahlhartes Gehäuse", das erst verändert werden kann, wenn „der letzte Zentner fossilen Brennstoffs verglüht ist"?

Nun kann man, wie wir es schon vorhin anlässlich der Darstellung Fergusons sahen, Webers These in vielerlei Hinsicht kritisieren (paradigmatisch: Steinert 2010): Erstens ist schon die Ausgangsdatenbasis aus Baden schmal und zu lückenhaft. Zweitens hat Weber natürlich keine empirische Befragung von Protestantinnen und Protestanten des 17. oder 18. Jahrhunderts vorgenommen, sondern konstruiert seine Erwägungen aus den Texten protestantischer Erbauungsliteratur aus unterschiedlichen Kontexten, vor allem aber aus Texten des Methodismus und Puritanismus. Drittens haben diejenigen Zeugnisse, die Weber als idealtypische Ausprägungen des protestantischen Arbeitsethos ansieht, etwa die Überlegungen Benjamin Franklins über die Identität von Zeit und Geld, zunächst einmal rein gar nichts mit dem Christentum zu tun. Und viertens schert Weber den gesamten Protestantismus letztlich dann doch über den einen Kamm des puritanisch geprägten Calvinismus, für den seine Deutung allenfalls plausibilisiert werden kann – regionale und konfessionelle Unterschiede etwa zum Luthertum werden weitgehend vernachlässigt.

Doch auch, wenn die Argumentation im Einzelnen bezweifelt werden kann, scheint Weber die Tendenz doch durchaus zutreffend beobachtet zu haben – moderne Deutungen, die eine gewisse wirtschaftliche Prädominanz des Protestantismus belegen, zielen stärker auf die mentalitätsprägende Bildungswirkung, die von der gesamtreformatorischen Akzentuierung von Bibellektüre und individueller religiöser Mündigkeit ausging (Becker, Wössmann 2009) – vor allem aber muss man sich vor Augen führen, dass die religiösen Prägungen einerseits nur einen Faktor unter vielen anderen ausmachen, andererseits aber in steter Wechselwirkung mit diesen Faktoren stehen.

Man kann das an der modernen vergleichenden Wohlfahrtsstaatsforschung illustrieren (Esping-Andersen 1990, 1999, Manow 2008, Bäckström, Davie 2010, 2011, Gabriel, Reuter, Kurschat, Leibold 2013): Mittlerweile ist kaum noch umstritten, dass die Ausprägungen etwa der europäischen Wohlfahrtsstaaten auch auf religiös-konfessionelle Einflüsse zurückgehen, die sich aber je nach konfessioneller, politischer, ökonomischer und geographischer Konstellation jeweils sehr anders auswirken können: So hat sich etwa in Schweden das in der lutherischen Staatskirche wirksame Element der fürsorglichen Obrigkeit (Meireis 2005) im Verbund mit einer relativ homogenen ländlichen Bevölkerungsstruktur und einer starken Arbeiterbewegung im Sinne eines starken, individuell fokussierten Sozialstaats, der „Volksheimat" (Volkshemmet) ausgewirkt. In den vorrangig und stark von reformierten Gemeinden und Bewegungen geprägten Staaten wie den USA, den Niederlanden oder der Schweiz, die durch Regionalismus, Föderalismus, Demokratie und relativ schwache Arbeiterbewegungen gekennzeichnet waren, haben sich tendenziell liberale Wohlfahrtsstaaten durchgesetzt, die auf marktliche Regelung und individuelle Selbstsorge setzen. Und in stark obrigkeitlich verfassten Staaten mit starken Kontroversen zwischen den Konfessionen – wie etwa in Deutschland oder Österreich – haben sich korporative Sozialstaaten durchsetzen können, die etwa die konfessionellen Verbände als Anbieter einbeziehen.

Der langen Rede kurzes Fazit: Die Beschäftigung mit Weber ist unter dem Aspekt der Frage, welche religiösen moralischen Ressourcen für ein politisches, auf Nachhaltigkeit zielendes Projekt wie die „Große Transformation" (WBGU 2011) mobilisiert werden können, lehrreich. Erstens kann man von Weber lernen, dass die sich in soziale Praxen übersetzenden Elemente religiösen Glaubens durchaus soziale Wirkungen hervorbringen. Zweitens muss man sich aber klarmachen, dass die Glaubenselemente sich schon in ihrer Übersetzung in soziale Praxen in ihrer Bedeutung verändern können, und – besonders wichtig – ihre sozialen Wirkungen drittens abhängig von den politischen, historischen, ökonomischen und sozialen Konstellationen, in denen sie situiert sind, entfalten. Viertens tun wir aus diesem Grund gut daran, solche historisch entstandenen Konstellationen und die empirisch feststellbaren Auffassungen der Menschen, die sich als Angehörige einer bestimmten Religion verstehen, in unsere Reflexionen einzubeziehen – das kann man auch von Graf und Ferguson lernen.

Und was heißt das nun für die Frage nach der theologischen Bedeutung der Nachhaltigkeit, die moralisch gern mit der Trias des konziliaren Prozesses – Gerechtigkeit, Frieden und Bewahrung der Schöpfung – verbunden wird?

3. *Zur theologischen Situierung und Begründung von Nachhaltigkeit in protestantischer Perspektive*

3.1 Soll die theologische Verbindung von Nachhaltigkeit und christlichem Glauben erläutert werden, ist es zunächst einmal hilfreich, das Protestantismusverständnis einzuordnen, dem wir bei Ferguson und Graf begegneten. Es hat zwei Aspekte: Erstens orientiert es sich material an den – historisch und soziologisch – empirisch beschreibbaren Phänomenen christlich-protestantischer Vergemeinschaftung, die Kirchenorganisationen einschließt, aber nicht auf sie beschränkt ist: Es geht um das wahrnehmbare Verhalten von Menschen, die sich als protestantische Christinnen und Christen verstehen. Zweitens aber sprechen Ferguson wie Graf dann auf der Basis dieser Verhaltensbeobachtungen normative Empfehlungen aus, etwa die, sich auf die Ausbildung bestimmter individueller Tugenden wie Leistungsbereitschaft oder Verantwortlichkeit zu konzentrieren. Das ist in gewisser Weise natürlich möglich, aber theologisch nicht einmal die halbe Wahrheit, denn ein theologischer Begriff der christlichen Kirche in protestantischer Perspektive – und darum geht es hier letztlich – geht gerade nicht in wahrnehmbarem Verhalten und historischer oder soziologischer Beschreibung auf, wiewohl er sie einbeziehen muss.

3.2 In der Sicht evangelischer Theologie ist die Kirche nämlich ein Ineinander von drei Dimensionen, die nicht zu trennen, aber analytisch zu unterscheiden sind (Reuter 1997). Soziologisch und historisch beschreibbar sind freilich nur die zweite und dritte dieser Dimensionen, die erste und wichtigste entzieht sich solcher Erfassung. Die Kirche ist nach protestantischer Auffassung nämlich zunächst einmal in Gott verborgen, ein Gegenstand von Verkündigung und Glauben, für den die im apostolischen Glaubensbekenntnis genannten Eigenschaften (eine, heilige, apostolische und katholische Kirche) gelten. Zu ihr gehören nach unserem unvollständigen Wissen alle, denen sich Gottes Wort in Jesus Christus folgenreich erschlossen hat – wer das aber genau ist, weiß nur Gott allein.

Gleichwohl schließen sich Menschen, denen dies widerfahren ist, zum gemeinschaftlichen Handeln zusammen: Dies besteht nach den Konsensen, die sich historisch herausgebildet haben, in der Verkündigung und der symbolischen Repräsentierung der Heilstat Gottes in Taufe und Abendmahl, die jeweils als Moment und Paradigma des Bildungs-, Gerechtigkeits- und Solidaritätshandelns gelten können. Das ist die zweite Dimension, der ethische Kirchenbegriff. Und schließlich möchten Menschen dieses Handeln auf Dauer stellen: Dazu aber benötigt man rechtliche Regeln und verbindliche Absprachen – das ist die juridisch-organisationelle Dimension des Kirchenbegriffs.

Wer aber nun genau zu diesem Volk Gottes gehört, weiß nur Gott allein: Es könnten immerhin etwa Menschen sein, die von Christus noch nie gehört haben, weil sie aus historischen oder geographischen Gründen keine Gelegenheit dazu hatten oder denen in anderer Gestalt sich zu offenbaren es Gott gefallen hat – wie gesagt: Darüber können wir nichts wissen, wir halten uns an die Offenbarung in Christus. Dies kann man den dogmatischen Kirchenbegriff nennen. Weil aber diejenigen, denen Gottes Wort eingeleuchtet hat, angesichts dieser Botschaft nicht still bleiben können, schließen sie sich in menschlichen Handlungsgemeinschaften zusammen, die nach protestantischer Auffassung durch die Verkündigung des Heilsgeschehens, die Predigt des Wortes und die symbolische Vergegenwärtigung dieses Geschehens, die Sakramente, charakterisiert werden; von dort aus aber im Rahmen der Gesellschaften, in denen sie leben, auch Gottes Wort entsprechend weiter aktiv sind, indem sie Bildung, Gerechtigkeit und Solidarität üben: Die Wortverkündigung ist das Paradigma des Bildungshandelns, die Taufe in ihrer Vergegenwärtigung der jedem Menschen von Gott voraussetzungslos zukommenden Würde das Paradigma des Gerechtigkeitshandelns, das Abendmahl als Vergegenwärtigung der die Sünde überwindenden Mahlgemeinschaft das Paradigma des Solidaritätshandelns. Dazu gehört, dass über die angemessene Gestalt des Bildungs-, Gerechtigkeits- und Solidaritätshandelns stets gestritten werden kann und muss, weil es eben um menschliches Handeln geht. Man kann dies den ethischen Kirchenbegriff nennen. Weil aber ein solches Handeln, wenn es auf Dauer gestellt werden soll, der Regeln darüber bedarf, wer was zu tun hat und wie die sich aus der Aufrechterhaltung dieses Handelns ergebenden Kosten zu verteilen sind, gibt es auch noch einen dritten Kirchenbegriff, den man als juridisch-soziologischen beschreiben kann. In den zeitgenössischen Rechtssystemen konstituieren sich die erwähnten Handlungsgemeinschaften nämlich als Typen rechtlich geregelter Organisationen mit Mitgliedschaftsregeln und Programmen; etwa als Körperschaften öffentlichen Rechts.

Die erste Pointe dieses Kirchenbegriffs, der von Albrecht Ritschl bzw. Hans Richard Reuter stammt, liegt darin, dass Kirchen zwar als Organisationen empirisch beschreibbar sind und das Handeln von Christinnen und Christen soziologisch beobachtet werden kann, dass die Kirche darin aber gerade nicht aufgeht – denn letztlich ist es nach christlicher Auffassung keine menschliche Entscheidung, der Kirche anzugehören, sondern geht auf die Offenbarung und das Geschenk des Glaubens zurück, also auf Gott. Die zweite Pointe besteht darin, dass man das Handeln von Menschen, die sich selbst als Christinnen und Christen verstehen, beschreiben kann, und zwar sowohl auf der Ebene des ethischen wie des juridisch-soziologischen Kirchenbegriffs, dass man aber daraus keine abschließende Information über das Wesen der christlichen Kirche ableiten kann, denn es kann immer sein, dass die Glaubenseinsicht- und Artikulation eines oder einer Einzelnen zu neuen Sichtweisen der Offenbarung in Christus führt. Aus diesem Grund müssen die Handlungsgemeinschaften der Christinnen und Christen gegenüber der Offenbarung Gottes immer wieder neu offen sein und dürfen sich nicht gegen Veränderung abschotten, die Organisationen aber müssen dessen inne sein, dass sie nicht Selbstzwecke sind, sondern um der Aufrechterhaltung und Verstetigung des Handelns der Glaubenden willen existieren und letztlich von Gottes Offenbarung abhängen.

3.3 Damit kann man aber sagen, dass ein Protestantismusverständnis, das letztlich die Behauptung einer bestimmten Organisationsform oder eines bestimmten menschlichen Kulturtyps auf dem Markt der Religions- und Weltanschauungsangebote zum Selbstzweck erklärt, den theologischen Gehalt des Kirchenbegriffs verfehlt. Das mag dann ein erfolgreicher Verein oder eine geschickt geführte religöse Firma werden, mit Gott hat das – nach allem, was wir wissen – nicht mehr viel zu tun. Wer andererseits die von Christen entwickelten Haltungen für andere Zwecke instrumentalisiert, mag das versuchen, aber es ist – theologisch gesehen – natürlich eine Pflanze, deren Wurzeln man gekappt hat. Das ist übrigens auch der Grund dafür, dass die christlichen Auffassungen nicht einfach als moralische Ressourcen gelten können, die man für dieses oder jenes Anliegen – und sei es ein so ehrenwertes wie die Beförderung der Nachhaltigkeitsorientierung – anzapfen, also instrumentalisieren kann.

Damit muss man aber auch sagen, dass man die historisch entstandenen Verhaltensprägungen und Wirkungen sowie die Organisationsgestalten, die sich die Glaubenden geben, nicht einfach übergehen darf, sondern solidarisch und kritisch aufnehmen muss. Das Ethos rationaler Tätigkeit im Dienst am Nächsten, der Freiheit und der Verantwortung gehören in der Tat in die protestantischen Tugendkataloge, selbst wenn diese Tugenden nicht immer angemessen angewendet wurden. Die Meinungspluralismus einschließende Organisationsgestalt der Glaubensgemeinschaften ist nicht nur ein notwendiges Übel, sondern ein notwendiges Mittel zur Sicherstellung des Streites um die Wahrheit und der Stetigkeit des Handelns aus dem Glauben, auch wenn die angemessene Form der Organisation ebenfalls niemals endgültig definiert werden kann.

3.4 Wenn ich nun abschließend zu den theologischen Argumenten komme, die meiner Ansicht nach nicht nur für die Bemühung um Nachhaltigkeit, sondern für ein bestimmtes Nachhaltigkeitsverständnis sprechen, dann gehört dies natürlich zu dem konstruktiven Streit um die Wahrheit und um das der Offenbarung Gottes entsprechende Handeln, der in der Kirche als menschlicher, ethischer Handlungsgemeinschaft unhintergehbar ist. Die Formulierung solcher theologischen Argumente hat natürlich noch keinen Konsens zur Folge, schon gar nicht im Protestantismus, in dem es *coram hominibus* keinen anderen als den zwanglosen Zwang des besseren Arguments geben kann. Aber wenn man sie nicht äußert, hat man den Streit um die Wahrheit schon als unentscheidbar aufgegeben und die entsprechende Verheißung Gottes (Joh 8,31) ausgeschlagen.

Aus der Perspektive protestantischer Theologie geht es hier mindestens um drei orientierende Argumente: die Orientierung an einer bestimmten Gestalt des guten Lebens, die Orientierung an einer spezifischen Auffassung von Gerechtigkeit und die Orientierung an einer bestimmten Auffassung der Natur. Alle drei sind hier selbstverständlich nur zu skizzieren, alle drei aber zivilgesellschaftlich und politisch öffentlich zu diskutieren.

Zunächst zur Orientierung an einer bestimmten Gestalt des guten Lebens (Meireis 2008, 505–511). Nach evangelischer Auffassung erweist sich Gottes erlösende Liebe nicht nur, aber auch und vor allem in der Botschaft von der Rechtfertigung ohne Werke, die als Befreiung zum Dienst am Nächsten gelten darf. Die Botschaft Jesu Christi heißt:

Du bist Gottes geliebtes Kind, und zwar gerade auch dann, wenn Dir nichts gelingt, wenn Du Böses getan hast und wenn Dich alle für wertlos erachten. Weil Du um Deinen Wert nicht besorgt sein musst, weil Du vor Gott unendlichen Wert besitzt, darum musst Du Dich nicht ständig mit Dir und Deiner Anerkennung und Selbstdurchsetzung beschäftigen, Du kannst Deinen Blick von Dir weg auf den oder die anderen richten, die Deiner Tätigkeit, Deiner Dienste bedürfen. Zum Dienst am Nächsten ist jeder und jede berufen, dem Dienst am Nächsten ist erfüllende Freude verheißen. Das heißt nicht, dass man nichts braucht (wer gute Dienste leisten will, muss investieren, auch in sich selbst) oder sich aufopfern müsste (auch der barmherzige Samariter delegiert), es heißt aber, dass der Blick frei wird für das, was man wirklich braucht. Damit ergibt sich eine lebensweltliche Affinitiät zur Suffizienzorientierung, die der Idee ständig erhöhten Konsums, ständig wechselnder Produkte und erhöhter Ressourcendurchsätze widerstreitet. Das gute Leben besteht nicht in immer luxuriöseren Erlebnissen und Gadgets, sondern im Erleben der Genüge, desjenigen Wohlstands und Kapitals, der es mir erlaubt, dem Ziel des guten Lebens, des Dienstes am Nächsten nachzugehen und deswegen als Fülle erlebt werden kann (Meireis 2008, 284–310): Wenn ich dieses Maß habe, brauche ich nicht mehr, denn mehr würde nur das Gefäß zum Überlaufen bringen.

Kommen wir zweitens zur Orientierung an einer bestimmten Artikulation der Gerechtigkeit (Meireis 2012): Gottes Versöhnung, die Zuwendung zum Sünder, der alles Recht verloren hat, motiviert zur Orientierung an der Perspektive der Rechtlosen im Interesse ihrer Überwindung und Universalisierung der Möglichkeiten des guten Lebens. In den Benachteiligten, den Armen und Rechtlosen erkennen die Christinnen und Christen sich selbst, wie sie vor Gott stehen – der ihnen aber in Jesus Christus Recht gibt. Weil Jesus Christus uns Recht gegeben hat, weil Gott uns die Würde zuspricht, in der wir Rechte beanspruchen können, kann es auch bei der Entrechtung der Rechtlosen im Verhältnis der Menschen Untereinander nicht bleiben. Das ist der tiefere Sinn der Zuwendung Jesu zu den Zöllnern und Sündern, den Armen, Witwen und Weisen, der auf eine Perspektivübernahme im Interesse der jeweils Schlechtestgestellten und Entrechteten hinausläuft, die auf die Ermächtigung, Berechtigung und Selbstbestimmung zielt. Gerechtigkeit impliziert in christlicher Perspektive also die vorrangige Orientierung an denen, die Entrechtung erfahren, und zielt auf die Ausstattung mit Rechten und die Gewährleistung der Fähigkeit zu ihrer Inanspruchnahme. Damit ergibt sich eine Affinität zu einem Verständnis von Nachhaltigkeit, das diese sowohl geographisch wie temporal konzeptualisiert: Als ungerecht muss eine Wirtschaftsweise gelten, die Angehörigen anderer Länder und Erdteile und zukünftigen Generationen ihr Recht zur Nutzung der natürlichen Ressourcen und zur Existenz im Kontext lebensdienlicher Umweltmedien faktisch entzieht, insofern geht es vorrangig darum, denen eine Stimme zu geben, die über zu wenig Durchsetzungsmacht verfügen. Notwendig sind daher politische Instrumente, die über die angemessene Verteilung von Nutzungsrechten und Bewahrungspflichten gleichberechtigt zu verhandeln erlauben (Pogge 2011, 1–40, Vogt 2009, 386–454).

Schließlich ergibt sich die Orientierung an einer bestimmten Auffassung der Natur: In der Offenbarung Jesu Christi wird die Natur, die wir ja als Konfliktfeld erleben, als Gottes Schöpfung ansichtig, die Gott mit Gutem gefüllt hat und auch unserer Nutzung zur Verfügung stellt. Die Bibel beschreibt, wie den Menschen zunächst die Pflanzen zur Speise und die Tiere als Gefährten zugewiesen werden, wie Gott als Zugeständnis an die menschliche Gewaltneigung dann im Noahbund aber auch den Genuss von Fleisch zulässt. In mythologischer Sprache wird so der Intuition Ausdruck gegeben, dass auch der außermenschlichen Natur ein intrinsischer Wert, eine Würde zukommt, die sie vor schrankenloser Vernutzung und Ausbeutung schützt. Die mythologische Sprache hat hier einen guten Sinn, weil wir schon aus erkenntnistheoretischen Gründen nur anthropozentrisch argumentieren können (Meireis 2008, 292–296); werten kann nur ein kultur-, symbol- und sprachbegabtes Wesen. Dem entspricht eine Auffassung von starker Nachhaltigkeit, die etwa Biodiversität auch dort schützt, wo der unmittelbare Gewinn für Menschen nicht einsichtig wird.

Die Orientierung an einer starken Nachhaltigkeit impliziert in christlicher Perspektive also mindestens drei Aspekte: Zunächst geht es, vor allem in den frühindustrialisierten und vermögenden Gesellschaften mit einem hoch überproportionalen ökologischen Fußabdruck, um die Etablierung einer Suffizienzorientierung, weil die bloße Effizienzorientierung lediglich zu Reboundeffekten führt. Zweitens geht es um eine angemessene, die Lasten global nach Tragfähigkeit und Vermögen verteilende rechtliche und politische Regelung der Ressourcenentnahme, der Emission von Umweltmedien bedrohenden Substanzen, der Akzessibilität umweltschonender Technologien und Wissensbestände und -haltungen und Bewahrungspflichten. Drittens geht es um ein Verständnis von Nachhaltigkeit, das – wiewohl noetisch anthropozentrisch – mit einer intrinsischen Würde der Natur rechnet und damit die Bewahrung von Arten und Ökosystemen nicht nur am Maßstab unmittelbar sichtbaren menschlichen Nutzungsinteresses misst.

Die Einbindung dieser Orientierungen in ein Konzept der Großen Transformation, wie es der WBGU (2011) im Rekurs auf das historisch-heuristische Konzept Karl Polanyis (1944) vornimmt und wie es theologisch auch in den Vorbereitungsdokumenten und Verlautbarungen der Vollversammlung des ÖRK in Busan zuweilen anklingt (Busan 2013a, b, c), ist dabei differenziert zu betrachten.

Richtig und wichtig ist es, die Herausforderungen, vor denen wir stehen, klar und unmissverständlich zu benennen. Das Aufgreifen dieses Begriffs durch die erwähnte Studie hat drei Pointen, die auf respektablen Absichten beruhen: Erstens soll die *Bedeutung der Herausforderung* unterstrichen werden, indem sie auf die gleiche Stufe wie die neolithische und die industrielle Revolution gestellt wird. Zweitens soll im Rekurs auf Polanyi der *integrale Aspekt des Prozesses* eingeschärft werden, indem ökologische, technologische, ökonomische, politische, normative und kulturelle Faktoren einbezogen werden: Das ist bei Nachhaltigkeit zwar normativ auch geboten, aber semantisch eben nicht unbedingt zwingend. Drittens, so scheint mir, will man durch die Verwendung eines neuen Begriffs die gewisse *Ermüdung der öffentlichen Aufmerksamkeit kompensieren*, die sich bezüglich der Aufgabe durch die strategische Einbettung des Nachhaltigkeitskonzepts in sehr unterschiedliche Interessenkonzeptionen und die Mühe der konkreten Umsetzung ergeben hat, bei denen sich der nötige Schwung in den interessengeleiteten Verhinderungsstrategien und den multipolaren Blockaden, wie sie etwa anlässlich des Klimagipfels in Warschau zu beobachten waren, zu verlieren droht. Wird das Konzept theologisch aufgenommen, soll in der Regel die Einbettung dieses Prozesses in die Heilsgeschichte betont werden, um angesichts der Größe der Aufgabe die Hoffnung zu betonen, die mit ihrer Verfolgung verbunden werden kann.

So respektabel dabei die Absichten sind, darf man doch auch problematische Aspekte nicht verschweigen. *Erstens* nämlich wird durch diese Begriffsstrategie eine massive Umdeutung vorgenommen, die inhaltlich hochproblematisch ist: Polanyi sucht damit heuristisch-historisch die sozialen Folgen der industriellen Revolution zu beschreiben, die sich nun gerade dadurch auszeichnen, dass sie so nie intendiert waren, dass sie auf das hochkomplexe Geflecht nicht koordinierter und wahrscheinlich auch nicht koordinierbarer unterschiedlicher menschlicher Handlungen und Interessen zurückgehen und dass sie katastrophal waren, nämlich in den Weltkriegen mündeten. Hier aber wird der Begriff verwendet, um einen geplanten Prozess zu bezeichnen, der zwar titanisch ist, aber gerade nicht katastrophal enden soll. Der Titanismus macht auch die Schwierigkeit aus, weil nämlich nicht angegeben werden kann, wer angesichts widerstreitender Interessen und Machtverhältnisse, aber auch angesichts der Unmöglichkeit eines solcherart detaillierten Überblicks das Subjekt sein soll, das ihn durchführen könnte. *Zweitens* ist damit ebenso wenig klar, ob der als „Transformation“ bezeichnete Prozess eigentlich eher Reform oder eher Revolution sein soll. *Drittens* und auf die theologische Verwendung bezogen, zeichnet sich die Transformation, die Verwandlung, die wir von Gott dem Heiligen Geist erhoffen und die auf die Verheißung des Reiches Gottes hinausläuft, nun gerade dadurch aus, dass wir sie eben von Gott erhoffen, sie also nicht in menschliche Regie genommen oder gar geplant werden kann. Die begriffliche Gleichsetzung von Verwandlung durch Gott und geplanter gesellschaftlicher Umstrukturierung ist damit eine Mogelpackung. Präziser wäre zu sagen, dass wir der erhofften Verwandlung durch Gott durch moralisches Handeln – zu dem eben auch die Bemühung um starke Nachhaltigkeit gehört – zu entsprechen suchen, aber damit ist gerade die Gleichsetzung von gesellschaftlicher und von Gott erhoffter Transformation aufgegeben.

Bedeutet dies, dass man den Begriff am besten ganz aufgeben sollte? Ich bin nicht so sicher. Denn die Chance dieses Begriffs besteht – wie bei allen politischen Begriffen – gerade auch in seiner Ambivalenz und Umstrittenheit, die zur öffentlichen Debatte, Deliberation und Präzisierung Anlass gibt. Freilich würde ich das Konzept der „Großen Transformation“ nicht so sehr als Masterplan der Weltveränderung, sondern kritisch als worst-case-Szenario behandeln: Eine „Große Transformation“ im Sinne Polanyis droht dann, wenn notwendige Veränderungen nicht stattfinden. Theologisch gesehen, muss die Erörterung dieser Fragen im Medium einer öffentlichen Theologie geschehen, die die empirisch wahrnehmbaren Handlungen der Christinnen und Christen ebenso berücksichtigt wie die historischen Prägungen und die Strukturen und Strategien der christlichen Organisationen, beide aber stets auf die Offenbarung Gottes zurückbezieht und in die gesellschaftlichen Debatten einbringt.

Dann besteht die Chance, dass das protestantische Ethos nicht als „Killer-App“ wirkt, sondern als Orientierung für Frieden, Gerechtigkeit und die Bemühung um die Integrität der Schöpfung.

Literatur

Altner, G. (Hg.) (1989): Ökologische Theologie. Perspektiven zur Orientierung, Stuttgart.

Bäckström, A. / Davie, Grace / Edgardh, N. / Pettersson, P. (Hg.) (2010): Welfare and Religion in a European Perspective. Volume 1. Configuring the Connections, Farnham.

Bäckström, A. / Davie, G. / Edgardh, N. / Pettersson, P. (Hg.) (2011): Welfare and Religion in a European Perspective. Volume 2. Gendered, Religious and Social Change, Farnham.

Becker, S. O. / Wössmann, L. (2009): Was Weber Wrong? A Human Capital Theory of Protestant Economic History. The Quarterly Journal of Economics, May 2009, S. 531–596.

Breyer, K. / Frein, M. (2009): Warum zukunftsfähiges Deutschland?, eed, Brot für die Welt 2009, http://www.zukunftsfaehiges-deutschland.de/zukunfts faehiges_deutschland/materialien/studie_und_kurzfassung/, Zugriff vom 13.01.2014.

Brot für die Welt (BfW) / Bund für Umwelt und Naturschutz (BUND) / Evangelischer Entwicklungsdienst (eed) (2008): Zukunftsfähiges Deutschland in einer globalisierten Welt: Ein Anstoß zur gesellschaftlichen Debatte. Eine Studie des Wuppertal Instituts für Klima, Umwelt, Energie, Frankfurt.

Brot für die Welt (BfW) / Bund für Umwelt und Naturschutz (BUND) / Evangelischer Entwicklungsdienst (eed) (2009): Wegmarken für einen Kurswechsel, Eine Zusammenfassung der Studie „Zukunftsfähiges Deutschland in einer globalisierten Welt" des Wuppertal Instituts für Klima, Umwelt, Energie.

Daily Mail (2014) online-Ausgabe vom 17.01.2014, http://www.dailymail.co.uk/news/article-2540955/Beijing-clouded-smog-way-sunrise-watch-giant-commercial-screens-Tiananmen-Square.html, Zugriff v. 19.01.2014.

Downes, L. / Mui, Ch. (2000): Unleashing the Killer App: Digital Strategies for Market Dominance, Harvard 2000.

Esping-Andersen, G. (1990): The three Worlds of Welfare Capitalism, Princeton.

Esping-Andersen, G. (1999): Social Foundations of Postindustrial Economies, Oxford.

Ferguson, N. (2008): Ferguson on Belief, Big Think, by Niall Ferguson, 04.01.2008, http://bigthink.com/videos/niall-ferguson-on-belief, Zugriff vom 15.01.2014.

Ferguson, N. (2011): Civilization. The West and the Rest, London, kindle e-book (Zitation nach Abschnitten).

Gabriel, K. / Reuter, H.-R. / Kurschat, A. / Leibold, S. (Hg.) (2013): Religion und Wohlfahrtsstaatlichkeit in Europa, Tübingen.

Graf, F. W. (1999): Art. 5.2.4: Der Stellenwert der Religion im Globalisierungsprozess moderner Wirtschaft – Christentum, Handbuch der Wirtschaftsethik Bd. 1, Gütersloh, S. 627–669.

Iannacone, L. R. (1998): Introduction to the Economics of Religion, Journal of Economic Literature 36/1998, S. 1465–1496.

Liedke, G. (1979): Im Bauch des Fisches. Ökologische Theologie, Stuttgart.

Luhmann, N. (1986): Ökologische Kommunikation. Kann die moderne Gesellschaft sich auf ökologische Gefährdungen einstellen?, Opladen.

Manow, P. (2008): Religion und Sozialstaat, Frankfurt a. M.

Meireis, T. (2005): „Sie waren ein Herz und eine Seele und hatten alles gemeinsam" oder „Wer nicht arbeiten will, soll auch nicht essen"? Protestantische Motive im Kontext von Wohlfahrtsstaatlichkeit, in: K. Gabriel (Hg.), Europäische Wohlfahrtsstaatlichkeit, Soziokulturelle Grundlagen und religiöse Wurzeln, Jahrbuch für Christliche Sozialwissenschaften 46/2005, S. 15–43.

Meireis, T. (2008): Tätigkeit und Erfüllung. Protestantische Ethik im Umbruch der Arbeitsgesellschaft, Tübingen.

Meireis, T. (2012): Der Blick nach unten. Provokationen zur Gerechtigkeit bei Karl Barth, Zeitschrift für Dialektische Theologie 28/ 2012, S. 24–43.

Merriam-Webster online dictionary, Art. ‚killer-app', http://www.merriam-webster.com/dictionary/killer%20app, Zugriff v. 20.01.2014

Moltmann, J. (1985): Gott in der Schöpfung. Ökologische Schöpfungslehre, München.

Pogge, T. (2011): Weltarmut und Menschenrechte. Kosmopolitische Verantwortung und Reformen, Berlin / New York.

Polanyi, K. (1944): The Great Transformation. Politische und ökonomische Ursprünge von Gesellschaften und Wirtschaftssystemen, Frankfurt a. M. 1978 (Original 1944).

Reuter, H.-R. (1997): Der Begriff der Kirche in theologischer Sicht, in: ders., G. Rau, K. Schlaich (Hg.), Das Recht der Kirche Bd. 1. Zur Theorie des Kirchenrechts, Gütersloh, S. 23–75.

Religionsmonitor (2007): Deutschland – (k)ein Land der Gottlosen? Der neue Religionsmonitor der Bertelsmann Stiftung zum Stand von Religion und Glauben in Deutschland, http://www.bertelsmann-stiftung.de/cps/rde/xbcr/SID-EF4F58ED-6176A03B/bst/xcms_bst_dms_23405_23406_2.pdf, Zugriff vom 07.01.2014.

Steinert, H. (2011): Max Webers unwiderlegbare Fehlkonstruktionen, Frankfurt a. M.

Time online (2004): The 2004 Time 100, Niall Ferguson, by Michael Elliott, http://content.time.com/time/specials/packages/article/0,28804,1970858_1970909_1971694,00.html, Zugriff vom 20.01.14.

Vogt, M. (2009): Prinzip Nachhaltigkeit. Ein Entwurf aus theologisch-ethischer Perspektive, München.

WBGU (Wissenschaftlicher Beirat der Bundesregierung Globale Umweltveränderungen) (2011): Welt im Wandel. Gesellschaftsvertrag für eine Große Transformation, Berlin.

WCC (World Council of Churches) (2013a): Message of the 10th Assembly of the WCC, Join the Pilgrimage of Justice and Peace, World Council of Churches Assembly 30 October to 8 November 2013, Busan, Republic of Korea, Document No. MC 01, http://www.oikoumene.org/en/resources/documents/assembly/2013-busan/adopted-documents-statements/message-of-the-wcc-10th-assembly/@@download/file/MC%2001%20ADOPTED%20Message%20of%20the%2010th%20Assembly.pdf, Zugriff vom 05.01.2014.

WCC (World Council of Churches) (2013b): Statement on the Way of Just Peace, World Council of Churches, 10th Assembly, 30 October to 8 November 2013, Busan, Republic of Korea, Document No. PIC 02.4, http://www.oikoumene.org/en/resources/documents/assembly/2013-busan/adopted-documents-statements/the-way-of-just-peace/@@download/file/PIC%2002_4%20ADOPTED%20Statement%20on%20the%20Way%20of%20Just%20Peace.pdf, Zugriff vom 05.01.2014.

WCC (World Council of Churches) (2013c): Together towards Life http://www.oikoumene.org/en/resources/documents/wcc-commissions/mission-and-evangelism/together-towards-life-mission-and-evangelism-in-changing-landscapes/@@download/file/Together_towards_Life.pdf, Zugriff v. 14.03.2014.

Weber, M. (1920): Die protestantische Ethik und der Geist des Kapitalismus, in: Archiv für Sozialwissenschaft und Sozialpolitik, 20. Bd., Heft 1, S. 1–54, 1904; 21. Bd., Heft 1, S. 1–110, 1905. Erstdruck der vorliegenden, umgearbeiteten Fassung in: Gesammelte Aufsätze zur Religionssoziologie, Bd. I, Tübingen (Mohr Siebeck) 1920, 17–206, die Zitation folgt dieser Ausgabe; sie liegt vor in: Max Weber, Gesammelte Werke, Digitale Bibliothek Bd. 58, Berlin 2001.

Weltsichten (2003): Weltsichten, Kirchenbindung, Lebensstile. Vierte EKD-Erhebung über Kirchenmitgliedschaft, Kurzfassung, Hannover.

Wesley, J. (1790): Sermon 126, On the danger of increasing riches, in: The Works of John Wesley Vol. VII, Grand Rapids 1986 (Reprint der dritten Auflage von 1872, gepredigt in Bristol 1790), S. 355–364.

Autorenhinweise

Isabel Boergen, MSc. B. A. studierte Psychologie, Rechtswissenschaften sowie Applied Animal Behaviour and Animal Welfare. Seit 2006 ist sie als Projektassistentin und wissenschaftliche Mitarbeiterin der Schweisfurth-Stiftung mit sämtlichen Fragen rund um die Ernährungs-, Konsum- und Tierethik befasst.

Dr. Wilfried Bommert, im Bergischen Land nähe Köln geboren (Jahrgang 1950), studierte Agrarwissenschaften an der Universität Bonn. 1977 wurde er dort promoviert. Als Leiter der ersten Umweltredaktion im WDR-Hörfunk beschäftigte er sich mit den Themen Welternährung und Weltbevölkerung. In seinem 2012 veröffentlichten Buch „Bodenrausch, die globale Jagd auf die Äcker der Welt" zeigt er, wie das globale Finanzkapital auf das Land und die Lebensmittelmärkte weltweit zugreift, und damit sowohl die bäuerliche Kultur als auch die Welternährung einem Abgrund zu treibt. Zurzeit widmet er sich dem Aufbau des „Instituts für Welternährung – World Food Institute" in Berlin, das als gemeinnütziges Institut durch Analysen, Konzepte und öffentliche Kommunikation einen Beitrag zur Sicherung der Welternährung leisten will. Für sein Engagement erkannte ihm die Kluge Stiftung der Universität zu Köln den „Human Award 2012" zu.

Karl-Werner Brand ist Professur für Soziologie (i. R.) an der TU München und Mitbegründer der deutschen Sektion Umweltsoziologie. Neben seiner Hochschultätigkeit war er bis Ende 2005 Vorstand der „Münchner Projektgruppe für Sozialforschung e. V. (MPS)" und hat dort den Forschungsschwerpunkt ‚nachhaltige Entwicklung' aufgebaut. Er ist seither als freiberuflicher Berater im Bereich der sozialwissenschaftlicher Nachhaltigkeitsforschung tätig (Sustainability Research Consulting). Seine Arbeitsschwerpunkte sind Umweltsoziologie, nachhaltiger Konsum und Lebensstile, Umweltbewegungen und zivilgesellschaftliches Engagement.

Franz-Theo Gottwald, Prof. Dr. phil. Dipl.-Theol., ist seit 1988 Vorstand der Schweisfurth-Stiftung München. Als Honorarprofessor für agrar- und ernährungsethische Fragen forscht und lehrt er an der Humboldt Universität Berlin, sowie an der Hochschule für Politik

München. Als Unternehmensberater sind Innovations-, Werte- und Nachhaltigkeitsmanagement sowie die Entwicklung leitbildgestützter Zielsysteme seine Schwerpunkte.

Detlef Kurth, geb. 1966, Prof. Dr.-Ing., Stadtplaner SRL, DASL. 1992 Diplom Stadt- und Regionalplanung TU Berlin. 1992–1997 Mitarbeiter bei Planergemeinschaft Dubach, Kohlbrenner Berlin. 1997–2003 wissenschaftlicher Mitarbeiter bei Prof. Peter Zlonicky und Prof. Christa Reicher, Fakultät Raumplanung, Universität Dortmund, Mitglied der Arbeitsgruppe Bestandsverbesserung. 2003 Promotion über Strategien der Stadterneuerung am Beispiel Berlin. Seit 2003 Professor an der Fakultät Architektur und Gestaltung, Hochschule für Technik Stuttgart, Master-Studiengang Stadtplanung, 2005–2013 Studiendekan. Gastprofessuren u. a. an den Universitäten Cardiff/GB und Krakau/Polen. Lehr- und Forschungsprojekte u. a. zur nachhaltigen Stadtentwicklung, zum städtebaulichen Denkmalschutz, zur energieeffizienten Stadt (Ludwigsburg), zur energiegerechten Stadtentwicklung (München) und zum District Centre Management in North-West-Europe der EU. Freiberufliche Tätigkeit als Preisrichter, Gutachter und fachliche Begleitung von Stadtentwicklungs- und Stadterneuerungsprozessen. Mitglied u. a. des Städtebauausschusses Stuttgart, Vorsitz des Beirats für Stadterneuerung Gelsenkirchen, Redaktionsmitglied der SRL-Zeitschrift PlanerIn, Nationale Plattform Zukunftsstadt, Vorstand von ASAP.

Jörg Hübner, geb. 1962, Prof. Dr., Theologe. Nach dem Studium der Evangelischen Theologie 1992 Promotion mit einer Dissertation zum Unternehmer Friedrich Karrenberg. Gemeindepfarrer in Neuss zwischen 1992 und 2013. 2004 Habilitation: Globalisierung als Herausforderung für Theologie und Kirche. Perspektiven für eine menschengerechte Weltwirtschaft. Seit 2013: Geschäftsführender Direktor der Evangelischen Akademie Bad Boll. Mitherausgeber des Evangelischen Soziallexikons. Forschungsschwerpunkte: Freiheitsbegriff, Finanzethik, Nachhaltigkeit und Wirtschaftsethik.

Hermann Knoflacher ist Professor emeritus für Verkehrsplanung und Verkehrstechnik an der TU Wien. Er war an der TU Wien langjähriger Leiter des Institutes für Verkehrsplanung, des Institutes für Straßenbau und Verkehrswesen und des Institutes für Verkehrsplanung und Verkehrstechnik. Er hat weltweit zahlreiche Städte in der Verkehrsentwicklung beraten und leitet internationale Forschungsgruppen im Rahmen der OECD und WHO. Er ist u. a. ordentliches Mitglied der Europäischen Akademie der Wissenschaften und Künste, Präsident des Club of Vienna und Mitglied der Polnischen Akademie der Wissenschaften.

Torsten Meireis, Dr. theol., Professor für Systematische Theologie mit Schwerpunkt Ethik an der Theologischen Fakultät der Universität Bern. Forschungsschwerpunkte sind Arbeits- und Wirtschaftsethik, Ethik des Sozialen, Ethik der Nachhaltigkeit und des Politischen. Kürzlich erschienen sind unter anderem: Torsten Meireis u. a. (Hg.), Soziales Europa? Jahrbuch Sozialer Protestantismus, Band 7, Gütersloh 2014, ders. (Hg.), Altern in Würde. Das Konzept der Würde im vierten Lebensalter, Zürich 2013, Magdalene Frettlöh, Andreas Krebs, Torsten Meireis, Tastend von Gott reden, Zürich 2013.

Uwe Schneidewind, Wuppertal Institut für Klima, Umwelt, Energie GmbH. Uwe Schneidewind ist Präsident und wissenschaftlicher Geschäftsführer des Wuppertal Instituts für Klima, Umwelt, Energie GmbH und Inhaber der Professur für Innovationsmanagement und Nachhaltigkeit an der Bergischen Universität Wuppertal. Er studierte Betriebswirtschaftslehre an den Universitäten Köln und HEC Paris und promovierte, habilitierte und arbeitete an der Universität St. Gallen zu Fragen des strategischen Umweltmanagements. Von 1998 bis 2010 war er Professor für Produktionswirtschaft und Umwelt an der Carl von Ossietzky Universität Oldenburg und von 2004 bis 2008 Präsident der Universität.
Forschungsschwerpunkt: Analyse nachhaltiger Transformationspro zesse mit Schwerpunkt auf den Wechselwirkungen zwischen technischen, ökonomischen, institutionellen und kulturellen Aspekten.

Harald Welzer ist Soziologe und Sozialpsychologe. Er war bis 2011 Direktor des *Center for Interdisciplinary Memory Research* am Kulturwissenschaftlichen Institut in Essen, zudem Professor für Sozialpsychologie an der Universität Witten/Herdecke. Seit 2012 ist er Honorarprofessor für Transformationsdesign an der Universität Flensburg und Direktor der gemeinnützigen Stiftung *Futurzwei*. Er ist Verfasser zahlreicher Publikationen, zuletzt (mit Stefan Rammler): „Der FUTURZWEI-Zukunftsalmanach 2013. Geschichten vom guten Umgang mit der Welt." Fischer-Taschenbuch, Frankfurt 2012 und „Selbst Denken. Eine Anleitung zum Widerstand". S. Fischer Verlag, Frankfurt 2013.

Angelika Zahrnt ist Volkswirtin und Systemanalytikerin. Sie war von 1990 bis 1998 stellvertretende Vorsitzende, von 1998 bis 2007 Vorsitzende des BUND, von 2001 bis 2013 Mitglied im Rat für Nachhaltige Entwicklung der Bundesregierung. Engagement u. a. bei oecom research, Ökovision und beim IÖW.
Veröffentlichungen zu Nachhaltigkeit, Produktlinienanalyse, Ökologische Steuerreform, Ökologie und Ökonomie, Frauen und Ökologie, Initiatorin der Studien „Zukunftsfähiges Deutschland" (1996 und 2008), Herausgeberin (mit Irmi Seidl) „Postwachstumsgesellschaft" (2010), Autorin (mit Uwe Schneidewind) „Damit gutes Leben einfacher wird. Perspektiven einer Suffizienzpolitik" (2013).
Bundesverdienstkreuz 2007 und 2013, Deutscher Umweltpreis 2009.